道德經新解

饶雁山 译著

岳麓書社·长沙

图书在版编目(CIP)数据

道德经新解/饶雁山译著. --长沙:岳麓书社,2025.8.
ISBN 978-7-5538-2373-7

Ⅰ. B223.15

中国国家版本馆 CIP 数据核字第 2025PJ0609 号

DAODEJING XINJIE

道德经新解

译　　著:饶雁山
出 版 人:崔　灿
责任编辑:彭卫才
责任校对:舒　舍
封面设计:刘　峰

岳麓书社出版发行
地址:湖南省长沙市爱民路 47 号
直销电话:0731-88804152　0731-88885616
邮编:410006

版次:2025 年 8 月第 1 版
印次:2025 年 8 月第 1 次印刷
开本:890mm×1240mm　1/32
印张:6.5
字数:152 千字
书号:ISBN 978-7-5538-2373-7
定价:40.00 元

承印:长沙超峰印刷有限公司
如有印装质量问题,请与本社印务部联系
电话:0731-88884129

前 言

我一时心血来潮，重新将王弼版《道德经》翻了出来细细研读，竟觉得灵感不断闪现。于是，使用文法、语法、字解等客观手段，重新解读了《道德经》。

一、老子其人

《道德经》为老子所著。老子（约前 571—约前 470 年；一说是，前 571—前 471 年），姓李名耳，字聃，又字伯阳，春秋时期人。《史记》《后汉书》等记载老子出生于楚国或陈国，苦县（今鹿邑）厉乡（一作赖乡）曲仁里人，一说是安徽省涡阳县人。中国古代思想家、哲学家、文学家和史学家，道家学派创始人和主要代表人物，与庄子并称“老庄”。在唐朝，老子被追认为李姓始祖。老子被列为世界文化名人，世界百位历史名人之一。老子担任周朝守藏室之史，以博学而闻名，孔子曾入周向他问礼。春秋末年，天下大乱，老子欲弃官归隐，遂骑青牛西行。到函谷关时，受关令尹喜之请著《道德经》（又称《老子》）。

二、解读的方式、方法及成果

《道德经》，号称千人千解，然其真解、真意始终都只有一个。想要解出《道德经》的真意，只有立足客观，遵循语义、语法、文法规律，从“字”的层面一点一点地去解答。很多时候，只要合理断句，补足主语、宾语，补完整句子，其真意就自然而然地浮现出来。

开章明意，前后呼应，是老子经常使用的文法。所以，很多章节的第一句，能不能解出来、解清楚，非常重要。

我在战略上，不因循守旧；战术上，摈弃臆想，遵循文法、语法规律，用“字解”层层推进，瞻前顾后，贯通全文。

破解了诸如“玄之又玄、大成若缺、高下相倾、上善若水、绝圣弃智、道生一、明道若昧、为道日损、无为而无不为、不道、玄德、出生入死”等迷惑与争议。

三、一些基本概念延伸解读所带来的全新视角

（一）“道”

《道德经》，其本质是“统治学说”“帝王经”；其手法和着眼点，却是“知识论”“智慧经”。

“道”，指的是事物的规律，可以说是能力的源泉。

研究“道”，又可以获得什么呢？

研究“道”，即研究事物的规律，可以获得我们所说的知识。学会运用这些知识，从而掌握相应的能力。这可以说是古时候的“格物致知”。

知识可以转化为科学技术，科学技术促进生产，所以，“绝圣弃智，民利百倍”【最高层次的智慧，用“道”不用计谋，这样，民众产出大幅度增加，才能获利百倍】。“智计、谋略”无法让田地的产出增加，而善用“道”，却可以。

所以，《道德经》里的“善”，基本上都是指“善于、能力【‘善于’的名词化】、有能力的”。甚至在第八章中，用水来比喻能力的运用，即“上善若水”。

（二）“道”与“德”

“道”与“德”都指的是事物的规律，它们的区别是，面对的范围不同。

“道”，面对的是所有的天地万物。

“德”，面对的是生命体，也就是现代所讲的“生物”，多指人和动物。

（三）“无为”

“无为”解读的关键章节是“第四十八章”。关键中的关键，却是该章的第一句“为学日益，为道日损”。找出“益、损”的对象，是解读的关键。那就是“事”【指的是“乱事”】。“无为”，实为“无事可为”。这是治国、治政达到极高水准方能做到的一个境界。“无为”之治，要求极高，不是谁都能做到的，非大智慧者不可为。

四、解读过程中的一个重要约定

行文中，“（　）”用来补全语句；“【　】”用来注释。

五、结语

《道德经》本是“天”器，是统治者手中的利器。一朝落入凡尘，竟无人能识，处处是曲解、误解，让人唏嘘不已！

心中始终有个梗！如果历代帝王，执此重器治国，中华民族历史上的诸多劫难，是否能就此避免？是否能始终站在世界的潮头？

目 录

第一章 “道”的开篇

导读

老子开始建立一个体系，因此，先给“无”“有”“玄”下了定义。

开篇明意，就是讲“道”。

本章难点是断句。阅读时要注意关联后文的“无”“有”“玄”的使用。

这一章能否正确理解，关系到后面不少章节能否正确理解，尤其是“玄”的定义。

原文	译文
道，可道，非常道[1]。	“道”，可以讲述，（但）不能用常规的方法去讲述。
名，可名，非常名[2]。	（各种“道”的）名字，可以起，（但）不能用常规的方法去起。
无，名天地之始[3]；	“无”，是指天地（万物）的初始；
有，名万物[4]之母。	“有”，是指（天地）万物的母体。
故，常无，欲以观其妙；	所以，常常（把自己）想象成“无”，想要体会其中的奥妙；
常有，欲以观其徼。	常常（把自己）想象成“有”，想要追查其中的踪迹。

此两者，同出而异名，同谓之玄。	这两者【“无”和“有”】，同出一源，但有不同的定义，一起称为“玄”。
玄之又玄，众妙之门[5]。	“玄”连接着“玄”，是众多奥妙（产生）的法门。

注释

［1］“道，可道，非常道”。

第一个“道”，意指规律、方法，宇宙天地运行中的各种法则。后文有讲到“明道”“进道”“夷道”“天之道”【统治之道】等，因此，“道”在老子心目中是多种多样，有很多种类的。

第二、三个“道”，指“讲述”。

［2］“名，可名，非常名”。

“名”，古人走夜路时，彼此看不见，就自己呼自己的名字。其本义兼有名、动两用，名词指人的名字，动词指自己称呼自己的名字。引申出命名、取名、事物的名称、名号、名分、名声等。

第一个“名”，指“名字”。承接上一句，指各种“道”的名字。

第二、三个“名”，意指“命名、起名”，也有“描述”“描绘”“定义”的意思。后一句中的“名”，就是给“无”“有”下定义，作“是”解。

［3］“无，名天地之始”。

解成“无，是天地万物的初始状态”。因为，后面讲到“有无相生”，“有”“无”（总是）随着万物的繁衍（而变化）。天地万物在“有”“无”中不断轮回。所以，“无”“有”都跟天地万物息息相关。

［4］“万物”。

“物”，在老子的心中分为“无形、有形”两类。无形之物的其中一种，为“事”（参见第十四章的“事之道”）。

［5］“玄之又玄”，“玄”接着又是“玄”。

“玄”在上一句中，定义为“无”“有”。这句话，是指“无”“有”交相连接，一环扣一环。笔者窃以为这是道家“太极图（阴阳鱼）”的起源。

“玄之又玄，众妙之门”，竟然预见了现代计算机技术的奥妙。

“玄”，指“无、有”，是个组合字。可以把它看成一个数组，里面只有2个元素，分别是“无”“有”；也可以理解成计算机技术二进制语言中的“0、1”。如此，整句话的意思就是，“无”“有”之间的排列组合（“0”“1”之间的排列组合），是众多奥妙产生的法门（是计算机技术产生的法门）。

联系到后文的“道生一,一生二,二生三,三生万物”，就变得很有意思。

二进制中，“0、1”这2个数字的组合，就只有这4种情况，就是“00”“01”“10”“11”这4个代码，代表着“十进制”中的“0、1、2、3”。这4个代码，是万物的起源。看不出来，老子竟然还是数学家，倡导“无物不可算”。

“道生一,一生二,二生三,三生万物”，实际上是老子在描述“道”具象化的过程（参见第四十二章注释）。

第二章　圣人处无为之事

导读

圣人做合乎“道”理的事。

本章难点，一是“相”字【后有注释】，解为“随从、伴随、随着”，这里并不是“互相”的意思。所以，做到“字解”，非常重要，可以有效减少很多谬误，也非常难做到！

二是“万物，作焉而不辞”及其后面的语句。这是第十章“玄德”的前缀。所有译者都认为这描写的是“圣人”的作为。但是，这个语句的主语很明显，就是“万物”，后面语句指的自然也是“万物”。从语句结构来讲，这是毫无疑问的。这一句要是没理解好，第十章、第五十一章的“玄德”，也没可能解好。两者息息相关，互相印证。

结合这一章，“玄德”归纳总结自物德、兽德。物德、兽德，对人来说，就是指品行低下、缺德、不道德。即，“玄德”，对人，对物【动物】，其代表的正确性，恰好相反。对物【动物】来说，是正常的；对人来说，却是不正常、不正确的【圣人另说】。

第六十五章的“玄德，深矣，远矣，与物反矣”，证明了上面的说法。解为，“玄德”，非常深奥，（对人来说，其对错）与物【动物】恰好相反。

第二、十、五十一、六十五章，需要一体理解。鉴于当时对动物的认知，部分逻辑对现在来讲，是有误的。这很正常。要想正确理解“无为之事”的“无为”，请先参阅第四十八章。

原文	译文
天下皆知，美之为美，斯恶已。	天下人都知道，“美”之所以为“美”，是（因为有）“丑恶”。
皆知，善之为善，斯不善已。	都知道，“善”之所以为“善”，是（因为有）不善（的人）。
故，有无相[1]生，	所以，“有”“无”（总是）随着（万物的）繁衍（而变化）；
难易相成[2]，	“难”“易”（总是）随着（达成的）成就（大小而变化）；
长短相较，	“长”“短”（总是）随着较量物体（的长短而变化）；
高下相倾[3]，	“高”“低”（总是）随着倾斜角度（的不同而变化）；
音声相和，	（演艺时，）“音”【乐器之声】“声”【人声】（总是）随着应和（的节奏而变化）；
前后相随。	“前”“后”（总是）随着（谁）跟随（着谁而变化）。
是以，圣人处无为之事[4]，行不言之教[5]。	所以，圣人做合乎“道”理的事【按事物规律行事】，不用言语（而用实践）去教化世人。
万物，作焉而不辞[6]，	万物【这里指的是动物】，（繁忙）运作却没有怨言；
生而不有，	繁衍子嗣，却没有子嗣（供养）；
为而不恃，	（独自）作为，却没什么（可以）

原文	译文
	依靠【可以理解为“独自觅食，无依无靠”】；
功成而弗居[7]。	做成事，也不停息【总是在没完没了地寻觅食物】。
夫唯弗居，是以不去[8]。	正因为不停息，所以（也）不会（轻易）放弃。

注释

［1］“相”，本义是查看，即观察形状，加以判断。引申为占视、辅助、佑助、随从、选择、容貌、模样等。这里解为随从、伴随、随着。

［2］“难易相成”，“难”“易”（总是）随着成就的大小而变化。

“成”在这里就是“难、易”用来比较体现的假借物，指成就。通过成就的大小，来比较体现难易的程度。古人按成就大小来论功行赏。攻克大国，相比于攻克小国，获得的好处相对要多，功劳成就也更大，也显然要更难。

其余类似语句，都按以上逻辑来解，不再重复。

［3］“高下相倾”，“高”“低”（总是）随着倾斜角度的不同而变化。

“倾”，本义是指“使器物反转或歪斜以倒出里面的东西”。这里解释为倾斜，倾斜的角度。

拿高杆进城门。高杆竖着拿，比城门高，进不去。把高杆倾斜着拿，就变低了，比城门低，这样就能进城门了。这样容易理解一些。

［4］“无为之事”，合乎“道”理的事。

这里的“无为”，是用作形容词，并不是“不作为”“不做事”，后文也印证了这一点。

“无为”，无事可为【“事”，多指乱事】。明白“道”理，合乎“道”理，方能做到“无事”可为。这是治国、治政的至高境界。参见第四十八章。

所以，“无为之事”这里解为：合乎“道”理的事。要是直接解成“无事可为的事”，那很多人都难以理解。

[5]“不言之教”。不是不教化，而是用实践去教化。“道”理难以用言语表达，所以，圣人多用实践去表达，去教化。

[6]“辞”，本义是诉讼、打官司，引申为言辞、文辞、借口、推辞、辞却。这里按本义，解为“怨言”。

[7]“居”，本义是蹲着、闲坐，引申为居住、住地、房屋、处于、位于、存放、安置、停息、停留。这里解为“停息”。其与第七十七章“功成而不处”的“处”，意义相同。

[8]“去”，本义是有盖儿的盛食器，引申为去掉、除去、放弃、失掉、距离、往等。这里解为“放弃”。

第三章　圣人之治，使夫智者不敢为

导读

圣人治理国家的办法，就是想尽办法让那些“智者”【算计别人的人】不敢作乱。这样，天下就没有什么不可以治理的了。

难点，一是要“字解”；一是要正确理解“智”字。第六十五章，有讲到“不以智治国”，里面有详解。

原文	译文
不尚贤，使民不争[1]；	（统治者）不崇尚（设立）权位大小，民众才不会去争夺权位；
不贵难得之货，使民不为盗；	（统治者）让珍稀之物变得便宜，民众才不会去偷盗（它）；
不见可欲[2]，使民心不乱。	（统治者）肯定赞赏的情绪不显露（在外面），（保持威严），民心才不会陷入混乱。
是以，圣人之治，	所以，圣人的治理方法，
虚其心[3]，	（是保持威严或想办法）使民众（面对自己时）心虚，
实其腹，	（想办法）使民众能饱食，
弱其志，	（想办法）弱化民众的个人意志（来服从统治者），
强其骨。	（想办法）强健民众的筋骨。

原文	译文
常使民无知无欲[4]，使夫智者不敢为也。	常常（用各种办法）让民众不知道（争抢好处），没有欲望（情绪），（这样才能）让那些“智者”不敢作乱。
为无为，则无不治[5]。	正因为（那些“智者”）不敢作乱，所以，就没有什么不能治理的了。

注释

［1］“不尚贤，使民不争”。

“贤”，意指“官位”“权位”，统治机构中的权力大小。古时候的“贤”者、“智”者，往往把控着权力。按照语法规则来理解，整句应该是“不尚贤，使民不争（贤）”。

［2］“不见可欲”，意指保持威严。

“见”，本义是看到、看见，特指平视。引申为看法、见解、接触、遇到、看得出、显得出、会见、见面、呈现的意思。

“可”，本义一般认为是同意、许可，引申为适合、对、能够、可以、值得、应该等。这里解为“肯定、赞赏”。

“欲”，欲望、情绪。

［3］“虚其心”，直译即是，（想办法）让民众心虚【面对统治者时，心虚了】。

“虚”，本义一般认为是大土山，引申指区域、地方，又指有人住过后荒废的地方，这些意思后来写作“墟”。引申指空、空虚、心虚、谦虚、虚假、不真实的、体质弱、没有效果、没有用处等。

译文之所以加上“保持威严”，其实是为了让大家更好地理解。古往今来的帝王，都是通过“保持威严”（不露情绪），让臣下猜不透自己的想法，从而让臣下心虚，即“虚其心”。

［4］“常使民无知无欲”。

“无知”，并不是指愚民，应该联系上文的“不争”，意为“不知道（争抢好处）”。这样，与后面的“无欲”，也就自然相联。

［5］“为无为，则无不治”。

这一句要承接上一句的“使夫智者不敢为也”。所以，这里的“无为”，指“夫智者不敢为”。

第四章　老子讲“道”

导读

老子讲“道”，也同时作出说明，他并不是什么都知道。比如，道的来源【“(道是)谁之子”】；物的根源(本源)的前面，又是什么【“象帝之先”】。就像是“鸡”和“蛋”，互为根源，但这种根源，又是怎么来的？老子说，吾不知。

另外，“和光同尘”这个成语，源于前人对《道德经》的理解。他们理解错了，那么，我会不会就毁了这个成语？

难点，一是要合理断句，二是要明白“象”在这里指的是“物”。可以参考第十四章讲到的“无物之象”【没有形体的物】。

原文	译文
道，冲[1]而用之，或不盈。	“道”，奋力使用它，也无法充分(发挥它的威能)。
渊兮，似万物之宗。	(它)渊深的，就像是万物的源头。
挫[2]其锐，	(它)打磨万物的锐气；
解其纷，	(它)解决万物之间的纠纷；
和其光[3]，	(它以物克物，)中和万物(各自)的优势；
同其尘[4]。	(它)将微小(弱势)的物体联合起来形成合力(以小搏大)。
湛兮，似或存[5]。	(“道”)深邃的，(就)像是似有(似无)。

原文	译文
吾不知，谁之子，象帝之先[6]。	我不知道，什么产生了“道”【谁之子】，物的根源的前面（又是什么）。

注释

［1］“冲”，有两个本义，一是表示水流涌动，另一个是交通要道。引申为很快地向前直闯、冒犯、猛烈地撞击、对着、向着、针对、凭借、冲击、冲洗、劲头猛、气味浓、刺激的等义。这里解为“奋力”。

［2］“挫”，本义为折断、摧折，引申为挫伤、折伤、弯折、收缩、失败等。这里按“挫伤”解。

［3］“和其光”，中和万物（各自）的优势。

万物相克之理。物体突出的优点、优势，总有另一种物体去“中和”它的优势，去克制它。

“和”，本义是指乐声调和、和谐。这里解作“中和”。

“光”，本义指明亮，引申指光线、亮光、光荣、光彩、增光、发扬光大等。这里解为“优点、优势、突出的能力”。

［4］“同其尘”，直译就是，汇聚万物扬起的微小尘土（形成漫天风沙）。这里解为“将微小（弱势）的物体联合起来形成合力（以小搏大）”。就像蚂蚁成群，才能更好地生存，是自然界“以小博大”之道。

“同”，本义指合力、会合，引申为相同、一样、一起、共同等。

“尘”，本义为飞扬的微小土粒。这里解作“微小的物体”。

“和光同尘”这个成语和我们当下理解的意义大不相同。

［5］“似或存”，像是似有（似无）。

“或存”，有时存在，解为“似有似无、捉摸不定”。

［6］“象帝之先”。

应保持语法、语义的连贯性。这句话也是老子不知道的问题。圆整为“吾不知，象帝之先”，就要好理解一些。

“象帝”，物的根源。

“象”，象的本义就是大象这种动物，后转指象牙。另外象也有相似、如同之义，引申指仿效。又指事物的外表形态形象。这里指的是，物，物体。物，分“有形”“无形”。第十四章“道纪，故事里的‘道’理”，就讲到“无物之象”。“事”，是无形的物。

“帝”，基本义是天帝、上帝，亦可指先王。引申为无上、主体等。这里解为“根源、根本、总纲”。

第五章　物有正反

导读

凡事均有正反两面。天地，有好和不好的时候；统治者，也有好和不好的时候。

这一章的难点，是要联通上下文，补完整句子，不然，就会被老子的言词所迷惑。

原文	译文
天地不仁，以万物为刍狗；	天地不好（的时候），把万物当成刍狗【祭献用的干草制成的狗】；
圣人[1]不仁，以百姓为刍狗。	统治者不好（的时候），把百姓当成刍狗。
天地之间，其犹橐龠乎！	天地之间（的事物），不就像是鼓风用的吹火器和龠【管乐器，形状像笛】（一呼一吸、一正一反间，完成自己的使命）！
虚而不屈，动而愈出。	（吹火器和龠）（看上去）弱小却不（容易）弯曲，（越是）鼓动出风越多（音量越大）。
多言数穷[2]，不如守中[3]。	说多了反而不好，不如守住要点（就此止住）。

注释

［ 1 ］“圣人”，这里译为统治者，因为，不好的“圣人”怎么能是“圣人”呢！

［ 2 ］“多言数穷”，多说就不好（了）。这样容易对照理解。

［ 3 ］“中”，原意指竖立“中”这种带旒之旗来测定风向，表示中间，引申为内、里、中心、一半、中介、得当、符合等义。这里解为“要点”。

第六章 谷神不死

导读

生养之神，繁衍不绝。这一章，老子对雌雄两性繁衍做出了推论。雌性能够生养的原因，是因为有雄性。“谓”字在这里用来表原因。

原文	译文
谷神[1]不死，是谓玄牝[2]。	生养之神不灭，是因为母体（繁衍不绝）。
玄牝之门，是谓天地根[3]。	母体（繁衍不绝）的法门，是因为天地之间的雄性。
绵绵，若存，用之不勤[4]。	（万物繁衍）绵延不绝，如果（这个原因）存在【如果这个原因正确】，（那就）尽管繁衍，（而）不用担心。

注释

［1］“谷神”，一说是神话人物，崇祀植物谷子的神，属自然神；一说是生养之神，原始的母体。

［2］“玄牝”，“无、有”的母体。“玄”，指“无、有”，第一章有定义。

［3］“天地根”，天地之间的雄性器官。

［4］“绵绵，若存，用之不勤”，我作了新的断句，更好理

解一些。

“绵”，属会意字，由帛和系会意，表示取丝相连成帛类物的意思，引申指如丝绵那样绵绵不绝，又指像绵一样的单薄软弱。

“存”，本义是问候，引申为思念、存在、生存等。

“勤”，本义指劳累、劳苦，引申为做事尽力、不偷懒、经常、担心、忧虑等。这里解为“担心”。

第七章　无私之道

导读

这一章，讲“无私之道”。前半段讲“天地无私”，后半段讲圣人无私而能成其私。

原文	译文
天长地久。	天地长久。
天地所以能长且久者，	天地之所以能长久，
以其不自生[1]，故能长生。	是因为“天地”没有“自我”的存在【天地无私】，所以能长久存在。
是以，圣人后其身而身先[2]，	所以，圣人将自身放在众人的后面【不体现“自我”】，从而（显得）自身尊崇无比；
外其身而身存。	将自身放在（争斗）之外，从而让自身（能够）存活。
非以其无私邪，	不就是因为“圣人”没有私心吗，
故能成其私。	所以才能满足自己（正当的）私欲。

注释

［1］“以其不自生”。

“自”，自我；“生”，活着，存在。

“不自生”，没有自我的存在。意指无私。

［2］“先”，基本义是走在前面，引申为在先、祖先、过世的长辈、首要、根本等。这里解为“最先、第一、至尊、尊崇无比”。

第八章　能力之道

导读

本篇开章明义，“上善若水”。良好的能力就像水一样。用得好时，滋润万物；用得不好时，洪水滔天，生灵涂炭。

这一章的难点是，“上善若水”的“善”字，及“处众人之所恶”这一句。因为以前的译文没有解出“水”的恶性，所以，很多人都不顾文章的连续性，倾向于将“上善若水”的“善”，解为“善良”。但事实上理解却是有偏差的，关键在于“处众人之所恶”是否能正确断句。将此句断句为“处，众人之所恶”，整句意思一下子就明朗了。意思是，（水）汇聚在一起（成为大水、洪水），（却）为众人所厌恶。这一章写了“水”的恶性，所以，将“上善若水”的“善”解为“善良”，就不成立了。

原文	译文
上善若水[1]。	良好的能力，就像水一样。
水，善利万物而不争；	水，善于（滋润万物），帮助万物（生长），却不（与万物）争抢（资源）；
处，众人之所恶[2]。	（水）汇聚在一起（成为大水、洪水），（却）为众人所厌恶。
故几于道。	所以，（水的本质）几乎接近于“道”。
居善地，	居住，要善于选择（好的）地方；
心善渊，	修心，要善于像深潭一样（沉静下来）；

原文	译文
与善仁，	给“予”别人（事物），要基于“好心”；
言善信[3]，	讲出来的话，要善于让人信服；
正善治[4]，	执政者，要善于治理；
事善能，	（处理）事务，要善于发挥（自身的）能力；
动善时。	发动（事物），要善于选择时机。
夫唯不争，故无尤[5]。	正因为不去争抢（好处），（依靠自己的能力成事，）所以（才）没有指责（没有烦恼）。

注释

［1］“上善若水”。“善”，是“善于”的名词化，指“能力，技能”，并不是指“善良”。后面出现的“善”，指“善于，擅长”。

［2］“处，众人之所恶”，（水）汇聚在一起（成为大水、洪水），（却）为众人所厌恶。

“处”，本义为暂时停下来、止息，引申为居住、处理、交往、在一起、窝、处所等。这里解为“汇聚在一起”。

［3］“言善信”，这里会出现歧义。“信”，一为“守信”，二为“让人信服”。这一章，围绕的都是“能力”，所以，在此处第二种解释“让人信服”较为适合。“守信”是种道德，偏离了主题。

［4］“正善治”，执政者，要善于治理。

“正”，本义为征行、征伐，是“征”的古字。引申出平定、匡正义、决定、考定、勘定、治理、准则、法则义。进行治理的人亦称为“正”。这里解为“执政者”。

[5]“夫唯不争，故无尤”，正因为不去争抢（好处），（依靠自己的能力成事，）所以（才）没有指责（没有烦恼）。

“尤”，瑕疵，过错，错误，指责，责怪。这里解为“指责”。

过往“不争，所以无错”的解释，逻辑上是不成立的。会不会做错，跟人的能力有关，跟“争不争”没关系。

第九章　天地之间的道理

导读

这一章，老子描述了一些常规的“道”理。比如说，把水桶拿在手上去装水，怎么可能比放在地上来得方便。

原文	译文
持而盈之，不如其已[1]；	把（器皿）拿在手上，来装满它，不如把它停放（在地上或桌上，再去装满它）；
揣而锐之，不可长保[2]；	捶打（刀枪），让它变得锐利，（却）不可以长时间保持（捶打刀枪，这会让它损坏）【过犹不及】；
金玉满堂，莫之能守；	把金玉堆满在大堂上，（没有藏起来或放在仓库等容易守住的地方，）谁又能守住（金玉，让它不被偷抢）。
富贵而骄，自遗其咎。	有了富贵，就骄躁不安，（只会）给自己留下祸患。
功遂身退。	我写完了，事情做完，可以离开了。
天之道也[3]！	（这些都是）天地之间的道理！

注释

［1］“已”，这里解为“停止、停放”。

［2］“揣而锐之，不可长保”。按照语法规则，该补成“揣而锐之，不可长保（之）”。补的这个“之”，指的是前面发生的事件，即捶打（刀枪）。意思是，过犹不及，超过一定时限捶打刀枪，当然会让它损坏。

［3］“功遂身退。天之道也”。

这一句就是老子的随笔，可以理解成口语中的“事情搞定，大功告成，告退走人”。这样更容易理解一些。第十七章，也有类似的情况。

第十章　老子的诘问

导读

这一章，老子发出了一些诘问，最后定义了“玄德”。“玄德”【正反两面“德”】，归纳总结自物德【动物的行为规律】、兽德。“玄德”，具有正反两面性【从“玄”的定义可以得出】，指“对一方适用，对另一方却不适用”的事物规律。兽德，对人而言，就是品行低下、缺德、不道德。一定要结合第二章的对应语句，方能理解，为啥“玄德”归纳总结自物德、兽德。

第二、十、五十一、六十五章，要一体理解。

原文	译文
载营魄抱一[1]，能无离乎？	将军队的意志统一，（就）能（做到）没有背叛吗？（民众的意志更重要。）
专[2]气致柔，能婴儿乎？	集中元气（让自己）变得柔软，（就）能（做到像）婴儿（那样）吗？
涤除玄览[3]，能无疵[4]乎？	清除正反两个方面的看法、意见，（就）能（做到）没有过错吗？
爱民治国，能无知乎？	爱护民众，治理国家，能不了解（民众、国家）吗？
天门开阖，能无雌乎[5]？	妇人生产，万物繁衍，能（只

原文	译文
	生“雄”的）没有“雌”的吗？
明白，四达，能无为乎[6]？	理解透彻，四方（到处）都去过，能没有作为（无法出人头地）吗？
生之，畜[7]之。	繁衍子嗣，（就要）抚养子嗣【从“人”的角度来说】。
生而不有，	繁衍子嗣，却没有子嗣（供养）；
为而不恃，	去作为，却没什么（可以）依靠；
长[8]而不宰[9]，	作为首领，却不主管（事务）【参见第二章。这些都是“兽德”，对人来说，都是不好的】。
是谓玄德[10]。	这些（都）叫做“玄德”【“对一方适用，对另一方却不适用”的事物规律】。

注释

[1]“载营魄抱一”，意为将军队的意志统一。

“载”，本义为乘坐，引申为承载、装载、装上等。

“营”，本义为四周垒土而居，引申为营地、军营、军队等。

“魄”，本义指阴神，引申为精神、胆识、人的形体等。这里解为“意志”。

“抱一”，合成一个，统一。

[2]“专”，聚集，集中。

[3]“玄览”，正、反两个方面的看法、意见。

“玄”，在第一章的定义中，指“无、有”。“玄”这里解为“正反两个方面”。

“览”，本义是泛泛地看，引申为一般地看、观察、考察等。这里用作名词，解为“看法、意见”。

[4]“疵”，意思是缺点、毛病、过错、过失。

[5]“天门开阖，能无雌乎？”妇人生产，万物繁衍，能（只生“雄”的）没有“雌”的吗？

“天门开阖”，描述的是“天子”诞生的过程。天门开，“天子”从里面出来，落入凡间，然后天门再关上，完成“天子”的诞生过程；隐喻妇人生产，万物繁衍。

[6]“明白，四达，能无为乎？”理解透彻，到处都去过，能没有作为（无法出人头地）吗？

“明白”，明，理解；白，清楚，透彻。解为“理解透彻”。

“四达”，四,四方，到处；达，到达。解为“到处都去过”。

[7]“畜”，指饲养禽兽，又指积聚、储藏。这里解为“抚养”。

[8]“长”，本义是指空间或时间的距离大，引申为深远、延长、赞许、年长（zhǎng）、岁数大、辈分高、排行第一、兄长、首领、长官、生长、滋长等。这里解为“首领”。

[9]“宰”，本义是充当家奴的罪人，引申为主管、主持、屠宰、宰杀、割肉、分割、向买东西或接受服务的人索取高价。这里解为“主管”。

[10]“玄德”。

“玄”，在第一章的定义中，指“无、有”。“玄”具有正反两面性。“玄德”也具有正反两面性，并不是通用的规律，而是指“对一方适用，对另一方却不适用”的事物规律。“玄德”可以理解成正反两面“德”。正面适用，反面不适用。

“玄德”【正反两面“德”】，归纳总结自物德、兽德（参考第二章对应语句）。对动物适用的【物德、兽德】，对人而言，就是品行低下、缺德、不道德，并不适用。其与后文的“不道”，在定义和结构上，有些相似。这里是给“玄德”下定义，直译即可。

第十一章　“无、有”变换之道

导读

这一章，讲的是“无、有”变换之道，老子的“造物”理论。跟虚无缥缈没关系，就是实实在在日常的“道”理。

任何复杂的事物，都是由简单的事物构成的。车辐、车毂，做成了车辆。车辐、车毂没有了，失去了，但我们有了更好的事物——车辆。“一无一有”，造物玄妙。

原文	译文
三十辐，共一毂[1]，	三十条车辐，连在车毂上，（制成车辆，）
当[2]其无，有车之用。	虽然车辐、车毂没了，（但我们）有车辆用了。
埏埴[3]以为器，	埏埴用来做成器皿，
当其无，有器之用。	虽然埏埴没了，（但我们）有器皿用了。
凿户牖[4]，以为室，	凿木做出门窗，用来做成房子，
当其无，有室之用。	虽然木头没了，（但我们）有房子用了。
故，有之，以为利[5]；	所以，拥有物品（的时候），（我们）把（它）当成资财；
无之，以为用。	物品没了，（是我们）把（它）做成（其他）有用的事物了。

注释

［1］“毂”，车轮中心的圆木，周围与车辐的一端相接。

［2］“当”，本义为抵得上，等于，相当。引申为合宜、抵押、充任、担任、掌管、主持、顶替、面对着、当作、算是、那、这、在、正当，等义。这里解为“虽然”。

［3］“埏埴”，是指用水和黏土，揉成可制器皿的泥坯。这里直译。

［4］“户牖”，门和窗。

［5］“利”，本义指刀、剑锋利，引申为速度快、顺利、便利、利益、好处、利润等义。这里用作名词，解为“资财”。

第十二章　取舍之道

导读

取舍之道，取“好的”，舍“不好的”。

原文	译文
五[1]色，令人目盲；	极致的色彩，使人看不清楚；
五音，令人耳聋；	极致的声音，使人听不清楚；
五味，令人口爽；	极致的味道，使人口中（一片）爽快；
驰骋畋[2]猎，令人心发狂；	骑马打猎，使人心中发狂（兴奋不已）；
难得之货，令人行妨[3]。	珍稀的货物，使人设立（种种）阻碍（防止被人偷抢）。
是以，圣人为腹不为目[4]。	所以，圣人（想办法）使民众能饱食，（而）不让民众看不清楚（看不到前进的方向）。
故，去彼取此。	因此，舍去那些（不好的），选取这些（好的）。

注释

[1]“五”，其本义为金、木、水、火、土这5种宇宙的构成要素，代表天地间万物构成元素的极限数。这里就作“极致、极限”来解。

［2］“畋”，打猎、耕种的意思。

［3］“行妨”，设立（种种）阻碍。“行”，做出（动作）。这里解作“设立”。“妨”，妨碍，阻碍，作出防范。

［4］“圣人为腹不为目”。

“为腹”，要联系到第三章中的“实其腹”【圣人（想办法）使民众能饱食】。

“为目”，指前文中的“令人目盲”，让民众看不清楚，看不到方向。

第十三章　圣人以身为天下

导读

统治者要像爱惜自身一样，爱惜天下民众。前面的各种描述，主要用来强调“自身”的重要性。

难点是，“宠辱若惊”。“若”，要解为“达到”义。如此，全文逻辑就会非常顺畅。

原文	译文
宠辱若惊，贵大患若身[1]。	（统治者的）宠辱达到（让人）震惊（的程度），（那就要）重视（会不会有）重大祸患降临自身。
何谓宠辱若惊？	什么叫做“宠辱若惊”？
宠为下[2]。	（统治者）宠爱（某个）臣民。
得之若惊，失之若惊，	得到（统治者的）宠爱达到（让人）震惊（的程度）；丧失（统治者的）宠爱（不被信任），达到（让人）震惊（的程度），
是谓宠辱若惊。	这，就叫做“宠辱若惊”。
何谓贵大患若身？	什么叫做“贵大患若身”？
吾所以有大患者，为吾有身；	我之所以有重大祸患（临身），是因为我有身家性命；
及吾无身，吾有何患！	如果我没有身家性命，（那）我

	还有什么祸患呢！
故，贵以身为天下[3]，若，可寄天下；	因此，（统治者要）以“将自身当作天下”为重【像爱惜自身一样，爱惜天下民众】，如果这样【达到了】，（那么）可以将天下寄托（给他）。
爱以身为天下，若，可托天下。	【与上同。区别只在于，“贵”在行动，“爱”在内心】。

注释

［1］“宠辱若惊，贵大患若身”。

“宠”，本义是家养的无毒蛇，引申为宠物、供养宠物、宠爱、溺爱等义。

“辱”，《说文解字》认为，误了农时，耽搁了耕作大事，有杀头之罪，所以“辱”字又有“羞耻”之义，引申为“受到羞辱”。

“若”，本义为“顺、理顺”，后世多假借为“像、如”义，由“如”义又可以引申为“及、达到”。这里取“及、达到”义。

“贵”，看重、重视、注重，以……为重。

“身”，身体，自身，命，命运。

［2］“宠为下”，解为“（统治者）宠爱（某个）臣民”。

“为下”，指臣民。因为“君为上，臣为下”，统治者是“为上”，臣民是“为下”。

［3］“以身为天下”，将自身当作天下，指“像爱惜自身一样，爱惜天下民众”。

第十四章　道纪，故事里的“道”理

导读

这一章，老子在探讨“事之道”。“事”是没有形状但又确实存在的。

我重新做了一些断句，主要是为了符合语法规律。这是最难理解贯通的一章。

文章前半段，描述了几件事【可能是行军打仗中的事】，表示“事”多不胜数。文章中间，对这种无形无状的“事”进行了归类。最后，定义了“道纪”（“道”理的由来）。“道”理的由来，也是一种“事”，可以理解为“故事”。

以“事”“故事”来讲“道”，理解“道”，是这一章的要义。

原文	译文
视之不见，名，曰夷[1]；	看不见彼此，（就）呼喊名字（来寻求帮助），（这事）是没什么；
听之不闻，名，曰希[2]；	听不见彼此，（就）呼喊名字（来寻求帮助），（这事）是很小；
搏之不得，名，曰微[3]。	（与敌）搏斗，没能得胜，（就）呼喊名字（来寻求帮助），（这事也）是很小。
此三者，不可致诘[4]，故，混而为一。	这三件事（微不足道），不可追究，所以，（可以）把它们混为一谈（放在一起讲）。

原文	译文
其上不皦[5]，其下不昧。	上级官员不大发雷霆，他的手下也就不会（吓得）隐瞒（事情）。
绳绳[6]，不可名。	（“事”）多得数不胜数，无法（全部）描述。
复[7]归[8]于无物。	又（将“事”）归纳为没有形状的物体。
是谓无状之状[9]。	（这种情况）就叫做“无状之状”【“事”是无形无状却又确实存在的】。
无物之象[10]，是谓惚恍。	（这种）没有形体的物，就叫做“惚恍”【第二十一章会用到这个定义】。
迎之不见其首，随之不见其后。	（无形无状的物体，）迎上去看不见它的前头；（在后面）跟随它，（也）看不见它的后背。
执古之道，以御[11]今之有，能知古始。	拿古时候的“道”理，来比照现有（的事），（就）能够理解古时候“道”理的由来。
是谓道纪[12]。	（“道”理的由来）就叫做“道纪”。

注释

［1］“名，曰夷”，原为“名曰夷”。“名曰”完全没有必要连在一起来表达同一个意思。所以，笔者把它断开来，其义也就直接显现出来了。

“名”，本义是古人走夜路时，彼此看不见，就自己呼自己的名字。引申为名字、命名、取名、名称、名号、自己称呼自己的名字、名分、名声、名义等意思。这里解为“呼喊名字（来寻求帮助）”。

“曰”这里作“是”解。

“夷”，本义为讨平、平定，又解为“除去、诛灭、平坦、平安、平和”等。这里解为“平了、没什么”。

［2］“希”，不寻常的，罕有的，少，珍贵的。

［3］“微”，本义是隐蔽、隐匿，引申为“秘密地、侦察、精妙深奥、昏暗不明、细小、少、衰落、无”等意思。

［4］“诘”，责问，追问，查究，究办。

［5］“曒”，本义为白日放光，天色大白。这里解为“大发雷霆”。

［6］“绳绳”，绳与绳连在一起，无限延伸。古时有结绳记事的做法。这里解为“事情多得数不胜数”。

［7］“复”，本义为返回，后引申为恢复、答复、重复等。

［8］“归”，这里解为归纳、总结。

［9］“无状之状”，没有形状却又确实存在的物体。“事”本来就是没有形状的，但又确实存在的。这里直译。

［10］“象”，物，物体。

［11］“御”，本义为驾驭。这里解为“比照、对比”。

［12］“道纪”，“道”理的来由。这里直译。

“纪”，本义指丝缕的头绪，引申指事物的开端，同时引申出要领、法度、纪律等义。

第十五章　为士之道

导读

这一章，讲古时候的“为士之道”。前面描述了古“士”。接着讲了古“士”做事的方法，徐清，渐热【就像是很久不运动，一开始则要轻量运动，渐热】。最重要的是最后一部分，古“士”做事，留有余地，以便发现问题时，能够进行补救。

原文	译文
古之善为士[1]者，微妙，玄[2]通，深不可识。	古时候善于为“士”的人，（做事）精细巧妙，通晓“无、有”（之道），深奥的（让人）难以看清。
夫唯不可识，故强为之容。	正因为难以看清，所以（只能）勉强去形容他。
豫兮，若冬涉川；	（他）安乐悠闲的（时候），就像是冬天（结冰时）去渡河（轻松自如）；
犹兮，若畏四邻；	（他）和悦的（时候），就像是畏惧四方邻居（不会严词厉色）；
俨兮，其若客；	庄重的（时候），他就像是（要外出）做客；
涣兮，若冰之将释；	（他）散漫的（时候），就像是冰块即将融解；

原文	译文
敦兮，其若朴；	诚恳的（时候），他就像是未加工的木材一样（淳朴厚道）；
旷兮，其若谷；	开朗豁达的（时候），他就像是山间的流水（无所记挂）；
混[3]兮，其若浊。	模糊不清（态度不明确）的（时候），他就像是浑浊的流水（难以辨识，不知道他站在哪一方）。
孰[4]能，浊以静之，徐清；	（他）始终能够（做到），静置浊水，（让它）慢慢变得清澈；
孰能，安以久，动之徐生。	（他）始终能够（做到），（事物）安稳久了【很久不用】，（就适时）发动事物，让（事物能够）慢慢活起来。
保此道者，不欲盈。	坚持此道的人，（做事）不想做满【留有余地】。
夫唯不盈，故能，蔽[5]不新成。	正因为留有余地，所以能够（做到），遮掩瑕疵，（补救错误，）不用（把事情）重新做过。

注释

［1］“士”，本义为“治狱的刑官”。引申为男子、将领、兵士、武士、官阶等级等。这里指“有领导才能的人”。

［2］“玄”，指“无、有”，第一章有定义。

［3］“混”，本义指水势盛大。又通“浑”，引申为浑浊，水多泥多杂质而不清澈。

［ 4 ］“孰”，本义指熟、煮熟，引申为“成熟、程度深、缜密、仔细、周详”等。也可为“谁、什么、哪个”等。这里按“程度深”义，解为“始终”。

解为反问句，其意思也是一样。

［ 5 ］“蔽”，遮住，遮掩。这里解为“遮掩瑕疵，补救错误”。

第十六章　自然轮回之道

导读

这一章，老子用万物来讲“自然轮回之道”，借着“自然轮回之道”，阐明“重‘道’，尊重万物运作的规律，才能长久”。

原文	译文
致虚极，守静笃。	极致清心，保持内心专一。
万物并作，吾以观复。	我就这样来观察日复一日的“万物一起运作”。
夫物芸芸，各复归其根。	正所谓万物众多，（最终）各自又回归各自的本源。
归根曰[1]静，是曰复命。	回归本源是静静的，（默默的，）这是“轮回”【反哺本源，促进本源重新生长出万物】。
复命[2]曰常。	这种（万物）轮回，是常理。
知常曰明。	懂得了（这种）常理，（才）是明了事理。
不知常，妄作，凶。	不懂（这种）常理，胡乱作为，（就会）坏事。
知常，容。	懂得了（这种）常理，（就能胸怀宽广）体谅（他人）。
容乃公。	体谅（他人）【善于换位思考】，（处

原文	译文
	事）才能公正。
公乃王。	（处事）公正，才能成为王者。
王乃天[3]。	成为王者，才能治理天下 。
天乃道。	治理天下，才能普及“道”。
道乃久，没身不殆。	普及道，才能长久，一生都不会有危险。【天下人懂得了“道”理，按事物规律行事，才能天下常平，统治者也就能活得长久。】

注释

［1］“曰”，这里均解作“是”。

［2］“复命”，重新生长出生命，解为“轮回”。落叶归根，反哺树木，促进树木重新生长出树叶，就是这个“道”理。

［3］“天”，自然所生成的事物。这里意指治理天下。

第十七章　治国之道

导读

“法治”“重信”，治国之道。

老子讲，治国之道，首要让民众知道，有治国律法的存在，让民众去遵守律法。

国法，其实也可以看作是“国家运作的规律、法则”，是“治国之道”的具象。

本章后半部分从“欺辱民众这个治国下策”，延伸到统治者要“重信”。即指制定了律法，就要严格遵守。

原文	译文
太上，下知有之；	最好的（治国之策），（是让）臣民（清楚）知道有治国之策（治国律法）的存在【古代的“法治”思想】；
其次，亲而誉之；	其次，（是）亲近民众，（懂得）赞美民众（做得好的地方）；
其次，畏之；	再次，（采取高压统治）使民众害怕；
其次，侮[1]之。	再次，（是）欺辱民众。
信不足焉，有不信焉！	信任度【可信度】不足，（才会）让人不信任【统治者要不断加强自身信誉】!
悠兮，其贵言。	悠闲放松（的时候），统治者（特别

要注意）不要乱讲话。（否则，容易丧失信誉。）

功成事遂。百姓皆谓我自然[2]。

（“这章”写完了，）事情做完。百姓都说我不做作（敢讲真话）！

注释

［1］“侮”，本义是轻慢、不敬重、欺辱。

［2］“功成事遂。百姓皆谓我自然”，与第九章一样，都是老子的随笔，用口语来解。

第十八章　正反相现

导读

这一章，讲“正”“反”事物【不是同一事物的正反两面】，互相体现。这与第五章的“物有正反”不同。

原文

大道废，有[1]仁义；

智慧出，有大伪[2]；

六亲不和，有孝慈；

国家昏乱，有忠臣。

译文

人间大道崩塌，（秩序陷入混乱，）（才）体现出仁义（的重要）；

智慧（人士）出现，（才能）识别出大伪；

家庭不和，（才）体现出尊老爱幼（的重要）；

统治者昏庸错乱，（才）体现出忠臣（的重要）。

注释

［1］“有”，本义是持有，与“无”相对，后引申指占有、存在、保存、丰收、富有等。这里解为“存在，出现，体现出来，指出来，识别出来”。

［2］“伪”，掩盖本来面貌的、虚假，跟“真”相对。

“大伪”，指作用大且隐蔽性强的骗术。一般人难以识别，所以需要有智慧的人士去识别。这里直译。

第十九章　取“高深”，舍“肤浅”

导读

这一章，还是讲“取舍之道”，取“高深”舍“肤浅”。任何事情，做到了“高深”的地步，做到了“绝”境，才大有可为。

本章的难点是断句。断得不好，意思就会恰好相反。

从前文可知，老子并不反对“智慧”“仁义”“技巧能力”，甚至用专门的章节来说明这些“道”理。

这里的“绝”字，是用作形容词，“高超的、绝顶的、最高层次的”的意思，不是动词“断绝”的意思。

原文	译文
绝圣弃智[1]，民利百倍；	最高层次的智慧，（用的是“道”，）不用计谋，（这样，）民众（用“道”来生产经营，才能）获利百倍【研究“道”，可以获得知识，知识可以转化为科学技术，科学技术促进生产，所以，“民利百倍”】；
绝仁[2]弃义[3]，民复孝慈；	最高层次的仁爱，（从内心去关爱，）不重表面文章，（这样，）民众（才会）重新尊老爱幼；
绝巧弃利[4]，盗贼无有。	最高层次的技巧，不用好材料、珍贵的材料【使用普通的材料】，（就

能成事，这样）盗贼（才）没有（可偷盗的东西）【因为使用的材料很普通，不珍稀，没什么价值，盗贼也没什么好惦记的】。

此三者，以为文，不足。

这三句话，用来作文章，（说明问题，并）不足够。

故，令有所属，见[5]素抱朴，少私寡欲。

所以，（要做到）法令有所归属（有目的）【用“法治”治理国家，不用计谋】；外表朴素，内心淳朴；去除私心杂念、各种欲望【这三句，分别回应了“绝圣弃智”“绝仁弃义”“绝巧弃利”】。

注释

［1］“绝圣弃智”，断句为“绝圣”“弃”“智”，“主－谓－宾”结构。

最高层次的智慧，（遵循的是“道”理，用的是“道”理，已经超脱了计谋，）用不着计谋。

“绝”，这里用作形容词，解为“独一无二的，高超的，最高层次的”。

“绝圣”，最高层次的智慧。

“智”，本义是聪明，智力强。引申义为有智慧、智谋、计谋、策略、有智慧的人等。这里解为“计谋、算计”。民众彼此算计，来谋取更多好处。遵循“道”之后，科学技术就成了生产力，产出大增，民众也就用不着彼此算计，而是改为研究如何增强科学技术，增强“道”的功用。

以下同类词句，不再重复。

[2]“仁”，本义是对人友善、相亲。

[3]“义”，本义是用在各种仪典上的礼器，后用于比喻礼仪、威仪，引申为品德的根本、伦理的原则、合乎正义的、恰当的、合宜、合理、情义等。这里解为“礼仪、表面文章”。

[4]“利”，这里是名词，解为“好用的事物、好材料、珍贵的材料”。

“绝巧弃利”，意指高手用普通的事物就能实现目标。因为使用的是普通没什么价值的事物，所以，盗贼也不会去惦记。

[5]“见”，本义是看到、看见，特指平视。引申为看法、见解、接触、遇到、看得出、显得出、会见、见面、呈现的意思。这里解为“呈现”。

第二十章　做学问之道

导读

随着一步步的“字解”，文意逐步展露出来。这一章讲的是，老子体悟学问的方法。从平凡的生活中去体悟高超的学问。高超的学问，从来都不容易获得。这对于老子来说，也是一样。

原文	译文
绝学无忧[1]。	高超的学问，没有让人发愁（的问题）【没有什么回答不了的问题】。
唯[2]之与阿[3]，相去几何？	唯唯诺诺与曲意奉承，差距有多大？
善之与恶，相去若何？	以善意待人与作恶，差距（又）有多大？
人之所畏[4]，不可不畏。	人们所敬畏的（事物），（我们）不可以不去敬畏【因为它，很可能就是一门高深的学问】。
荒[5]兮，其[6]未央[7]哉！	（高超的学问）博大精深，没有尽头。
众人熙[8]熙，如享太牢[9]，如春登台[10]。	众人欢欣鼓舞，如同在享受丰盛的祭品，如同春天来临。

原文	译文
我独泊兮，其未兆，如婴儿之未孩。	唯独我停在那里（若有所思）。（这里的学问）没有（任何）征兆，就像是婴儿还在母体腹中还未形成胎儿（的时候）。
儽儽兮[11]，若无所归。	（这让我）感到疲惫、颓废，不知道该往哪里去（才能体悟出学问）!
众人皆有余，而我独若遗。	众人都有所得【享受祭品、春天的来临】，而唯独我（没能体悟出学问），像失去了什么！
我愚人之心也哉！	（这是因为）我太愚昧（才无所得）吗！
沌沌兮，俗人昭昭，我独若昏；	（没能体悟出学问，让我）混混沌沌！众人都清楚（该做什么），唯独我像是头脑不清楚（不知道该做什么）；
俗人察察，我独闷闷。	众人都清楚（该做什么），唯独我浑浑噩噩（不知道该做什么）。
澹兮，其若海。	（高超的学问）恬静、安然的样子，就像是无垠的大海；
飂兮，若无止。	（高超的学问）急风疾驰的样子，就像是（前路）没有尽头。
众人皆有以[12]，而我独顽似鄙。	众人都以为自己（懂），（有学问，）而唯独我，（觉得自己）愚钝，就像是（很）粗俗、浅薄

（的样子，体悟不出高超的学问）。

我独异于人，而贵食母[13]。

（为什么）唯独我与众不同，因为（我）看重（研究）人的天性（而其他人却只顾享受）。

注释

［1］“忧”，本义：一为心动；二为愁闷、发愁、忧愁。

［2］“唯”，本义为高声应答。引申为答应的声音。

［3］“阿”，本义为凹曲处。引申为迎合、偏袒。

［4］“畏”，本义指恐惧、害怕。引申为敬服、佩服等。

［5］“荒”，本义指荒芜，引申指年成不好、凶年、歉收、广大、无边际、久远等。这里解为“博大精深”。

［6］“其”，这里指“学问”“高超的学问”。

［7］“央”，本义为灾祸，引申为尽、完结、央求等。

［8］“熙”，本义为曝晒、晒干，引申为光明、明亮、兴盛、玩乐、和乐、喜悦等。

［9］“太牢”，即古代帝王或诸侯祭祀社稷时，牛、羊、豕（shǐ，猪）三牲。三牲全备为“太牢”。

［10］“登台”，登上高台，登上舞台。这里解为“来临、到来”。

“如春登台”，即如同春天来临。

［11］“儽儽兮”，形容疲惫、颓废的样子。

［12］“有以”，有所以为，自以为是。这里指，以为自己懂，以为自己有学问。

［13］“食母”，供养父母。解为“人的天性”。

“食”，本义有动、名两用，作动词指进食、吃，作名词指食物，主要指饭食、粮食。由使动义引申为对人的供养和对动物的饲养，这里要读 sì，给人吃、喂食的意思。

第二十一章　道之“无状”

导读

老子再讲“道”。“道”是无形的。各种“道”的描述，来自古籍。

解读这一章，要关联第十四章，明白“惚恍”的定义、来由，明白“物”分“有形”和“无形”，明白“象”即“物”。

“惚恍”，指的是“无物之象”【没有形体的物】。

原文	译文
孔德[1]之容，惟道是从。	高级客观规律的形态，只遵从于“道”。
道之为物，惟恍惟惚。	（如果）把“道”看作“物”，（那）只能是“惚恍”【“无物之象”，没有形体的物】。
惚兮恍兮，其中有象；	（“道”呈现出）“无形”状态（的时候），这中间（却又）有“物”【真实的存在】。
恍兮惚兮，其中有物。	【与上同】
窈[2]兮冥[3]兮，其中有精。	（“道”）幽暗不明（的时候），这中间（却又）有精华。
其精甚真，其中有信。	这种精华非常真实，这中间（又）有（很多）信息（细节）。

原文	译文
自古及今，其名不去，以阅众甫[4]。	从古时候到现今，各种“道”的描述都没有丢失（变动过），（所以）可以查看到各种“道”理的由来【初始】。
吾何以知众甫之状哉？	我（是）怎么知道各种“道”理初始样子的呢？
以此。	（正是）因为如此【从古籍中得知】。

注释

［1］“孔”，本义一般认为是洞穴、窟窿义。引申为空阔，深远、大、通达、很、甚。

“德”，常用于指道德、品德。“德”是美好的，故又引申为有恩惠、感恩，又引申指客观规律等意义。这里的“德”，指的是“生物体现出来的客观规律”。

［2］“窈”，本义是幽深，深远。

［3］“冥”，本义是幽暗不明，引申为头脑愚昧、不明事理、深邃。

［4］“甫”，本义指有蔬菜的田地，是“圃”的古字。引申为刚刚、开始等。

第二十二章　曲，则全

导读

“曲，则全”，不完整的，不够好的，那就去完整它，完善它。

这里的“圣人”，解为“统治者”，这样便于更好地理解主旨。因为这一章的“不争”，有“妥协”之意，与第六十六章的“不争”有不同的意义。所以，将主语“圣人”作出了区分。这里的“圣人”是已经上位为统治者的；而第六十六章的“圣人”，指的是还未上位的“圣人”。

原文	译文
曲，则全[1]；	不完整的，那就去完整（它）；
枉[2]，则直；	（直的物件）弯了的，那就（把它重新）拉直；
洼，则盈；	坑洼不平的，那就去填平（它）；
敝，则新；	破旧（不能用）的，那就用新的（去替换它）；
少，则得；	得到少的，那就（再）得到（一些）；
多，则惑。	得到多的，那就要怀疑（是不是有问题）。
是以，圣人抱一为天下式。	所以，统治者（把它们）统一为天下人的行为模式。

原文	译文
不自见，故明；	（统治者）不（急于）自我表现【表达意见】，（这样）才能分辨是非；
不自是，故彰；	不自以为是，（这样）才能彰显（好坏）；
不自伐，故有功；	不自我败坏，（这样）才有功劳【统治者无过则有功】；
不自矜，故长。	不自负、自夸，（这样）才能成为（合格的）首领。
夫唯不争，故天下莫能与之争。	正因为（统治者懂得妥协），不（与臣民）争抢（好处），所以，天下没有人能与他争【言下之意是，统治者与臣民争抢，那么臣民可能也将陷入不得不与之争抢的局面，统治者就有被推翻的危险】。
古之所谓曲则全者，岂虚言哉！	古时候那些说“曲则全”的，岂是虚言啊！
诚[3]全而归之。	（那是）真正全面（地总结），才归纳出来“曲则全”（的）。

注释

[1]“曲，则全”，不完整的，那就去完整（它）。

“曲”，基本义为弯曲，与“直”相对。引申指不合理、不正直、弯曲的地方、局部、不全、乡村曲折隐僻之处。这里解为

“局部的，不完整的”，与“全”互相呼应。

［2］“枉”，本义是弯曲。引申为绕弯。也指不正直，不正派。作副词时，表示动作行为毫无效益，徒然。

［3］“诚”，本义是诚实、真实。作副词时，相当于真正、确实的意思。作连词时，表示假设关系，相当于果真、如果的意思。

第二十三章 道者同于道

导读

道者同于道。遵循“道”，研究“道”的人，要汇聚在一起，不断传承发展，方能入“道”更深，让“道”更为人所信重。

天地间的风雨，都不能无止境地刮，无止境地下，人力自然也有时而穷。研究“道”的人，也一样。所以，研究“道”的人，要聚力在一起，不断传承发展，才能壮大。

原文	译文
希言自然[1]。	略略讲一下现实情况【后有注释】。
故，飘[2]风不终朝[3]，骤雨不终日。	（依据现实情况），（可以）得出，暴风不能无休止（刮下去），骤雨不能无休止（下下去）。
孰[4]为此者？天地。	（是）谁这么做的？（是）“天地”。
天地尚不能久，而况于人乎！	“天地”尚且不能（让事物）无休止持久下去【注意，要承接上两句】，何况于人呢！
故，从事于道者，道者同[5]于道；	所以，从事（各种）“道”的研究的人，研究（各种）“道”的，要聚集在一起研究道【互相支持】；

德[6]者同于德；	研究（各种）“德”的，（也）要聚集在一起研究“德”；
失者同于失[7]。	失去“道、德”的人，（也）将围绕着“失败”。
同于道者，道亦乐得之；	一起研究“道”的人，“道”也很乐意（能）得到他们（的维护）【护“道”者之意】；
同于德者，德亦乐得之；	一起研究“德”的人，“德”也很乐意（能）得到他们（的维护）；
同于失者，失亦乐得之。	一起失去“道、德”的人，“失败”也很乐意接纳他们。
信不足焉，有不信焉[8]！	（“道”的）信任度（可信度）不足，（才会）让人不信任【要不断研究“道”，从而不断加强“道”的可信度】！

注释

[1]“希言自然”，略略讲一下现实情况。

“希”，本义为麻布织得不密；泛指稀疏，通“稀”；又指观望，通“睎”。

“希言”，略略讲一下。“言”，这里用作动词，很多译者解为名词，如此，就与后句搭配不上了。

“自”，自我、自己、自身。

“然”，“……的样子”。

“自然”，从“字解”的角度，释义为“自我的样子”，引申为“真我、本真”。从“真我”引申为真理、真实的样子、现实、不做作。这里解为“现实、现实情况”。

［2］“飘”，本义指旋风、暴风，引申指飘荡、飞扬、漂泊等。

［3］“朝”，本义指早晨。“朝”是一天的开始，也表示今天。

“终朝”，终结今朝，今朝之末。“今朝”之后，又是“今朝”，是没有终结的，所以，“终朝”是无休无止之意。

［4］“孰”，本义指熟、煮熟，引申为“成熟、程度深、缜密、仔细、周详”等义。又指“谁、什么、哪个”等义。

［5］“同”，本义指合力、会合，引申为“相同、一样”，又由此引申出“一起、共同”。

［6］“德”，这里指面向“生物”的客观规律。

［7］第一个“失”，本义为失掉、丢失。这里指不信“道”，失“道”，违背“道”。第二个“失”，解为“失败”。失道寡助，招致失败。

［8］“信不足焉，有不信焉”，第二次出现。第一次出现，是在第十七章。

“焉”，常用为“于此”“哪里”等假借义，或作句末语气词。

第二十四章　有道者不处之事

导读

这一章，描述了一些遵循“道”的人【有道者】不做的事。

原文	译文
企[1]者不立，跨[2]者不行。	踮起脚的，（就）不是在站立；骑着坐骑的，（就）不是在行走【把“企”当成“立”，把“跨”当成“行”，是不对的，是违反规则的】。
自见者，不明；	（急于）自我表现的，不能分辨是非；
自是者，不彰；	自以为是的，不能彰显（好坏）；
自伐者，无功；	自我败坏的，不会有功劳；
自矜者，不长。	自负、自夸的，不能成为（合格的）首领。
其在[3]道也，曰余食赘[4]行，物或[5]恶之。	这些在“道”的范围里来说，是（属于）多余的食物、多余的事情，万物中，有的厌恶这些。
故，有道者不处[6]。	所以，遵循“道”的人都不（这么）做。

注释

［1］“企”，本义为踮起脚。

［2］“跨”，本义为抬腿向前或向旁移动越过、迈过，引申为“骑”，两脚分在器物的两边坐着或立着。

［3］“在”，在……范围里，处于，由。

［4］“赘”，本义是抵押，引申为聚会、增添、祸害；亦通“缀”，连缀，附着；还可作形容词，义为多余的、恶的等。

［5］“或”，本义指邦国或疆域。假借为无定代词时，表有人、有的、某人、某物义；作副词使用时，又表示也许、不肯定。有时表示动作交替或同时发生，多用在动词前。由此又引申作连词，表示选择关系。在古代又常用在否定句中，作语气词，以加强否定语气。这里解为“有的”。

［6］“处”，处理，做。

第二十五章 再讲“道”

导读

这一章，老子再讲“道”。“道”是无边无际的。“道”的内部，是不断轮回的。

原文

有物混成，先天地生。

寂兮寥兮，独立而不改，

周行而不殆，可以为天下母。

吾不知其名，字之曰[1]道。

强为之名，曰大[2]。

大曰逝[3]；

逝曰远[4]；

远曰反[5]。

译文

存在（一种）自然生成的事物，（它）在“天地”诞生之前就形成。

（它）孤独静寂，独自矗立（在虚空）而（亘古）不变，

规律循环运行而（永）不停止，可以（把它）看作天下万物的母体。

我不知道它的名字，用文字来表达它，是“道”。

勉强去描述它（的话），（它）是无边无际的。

（这种）无边无际，是在快速流动的；

（这种）快速流动，是在越走越深远的；

（这种）越走越深远，（在回归

	本源后）是会迎来逆反（重新诞生）的。【这一段，讲的是无边无际的“道”的内部，是不断轮回的。你可以把“道”想象成一个转动的圆环。你静止不动，正对着圆环的某个点（A点）。随着圆环的转动，A点会离你远去，但当A点运行一圈之后，又会回到你正对着的那个点上，回到原点。对“万物”来说，这种逆反，就是发生在回归本源之后。树叶慢慢长大，最后落叶归根，促进树又重新长出树叶。】
故，道大，天大，地大，王[6]亦大。	所以，“道”是大的，“天”是大的，“地”是大的，“王权”也是大的。【“大”在这里用作敬语，“无边无际”也是让人敬畏的。】
域中有四大，而王居其一焉。	（我们的）世界中有四个“大”【敬语】，而“王权”是其中之一。
人法[7]地，	“人”以“地”为依据来制定法则；【不同地域的人，言行法令是不一样的。古人认为，这

	是适应地域环境的结果。】
地法天，	“地”以“天”为依据来制定法则；【地域不同，天气、气候等也是不同的。古人认为，地形的不同，是适应天气、气候变化的结果。】
天法道，	“天”以“道”为依据来制定法则；
道法自然[8]。	“道”按照自身的样子来制定法则。【“道”按照自身的规律来运作。】

注释

[1]“曰”，这里作“是”解。

[2]“大”，本义是容量、体积、面积、数量、力量、年龄等方面超过一般或超过所比照的对象，与“小”相对，后引申出“范围程度深广”“年辈较长”“再”等意义，又作为敬词来使用。这里解为无边无际的。

[3]“逝”，本义为“走得太快，很快就消失了”。有过去、死等意思。这里按本义，解为快速流动。

[4]“远”，本义为遥远，距离长。引申为时间的久远，意义的深远，关系的疏远，志向的高远，地理的边远等。还可指多，差距大。

[5]“反”，本义为攀爬山崖，也有返回、反对、反面、逆转等义。

[6]“王”，这里指权力，即“王权”。

［７］“法”，本义是法律、法令，引申为标准、方法、仿效、模仿等义。这里解为“仿效、效法、以……为依据来制定法则”。

［８］“自然”，从“字解”的角度，释义为“自我的样子”。

参见第二十三章的注释。

“道法自然”，即是“道法自我”。

第二十六章　以天下为重

导读

统治者，要以天下为重。不然，就会失去根本。“君，轻；民，重”的思想，是不是来源于此？

这一章，“重”“轻”的解释，是关键。“重”在“轻”的下方，则重心低，稳固；“轻”在“重”的下方，则重心高，不稳固。

原文	译文
重为轻根[1]，静为躁君[2]。	重的事物，（总是）在下方支撑起轻的事物【这样，重心低，将更加稳固】；“冷静”是“急躁”的统治者。
是以，圣人终日[3]，行不离辎重；	所以，圣人始终（做到），出行（的时候），一定携带辎重【准备好辎重再出行。体现了“静”的思想，即，思虑周详】；
虽有荣观，燕处超然。	虽然有华丽的宫阙，（平时的）居所（却）超脱凡俗，（清简自然）。
奈何，万乘之主，而以身轻天下！	可惜，（那些）统治者，却以自身（为重），而轻视天下人！
轻则失本，躁则失君。	轻视（天下人），就会失去根本；急躁，就会失去统治地位。

注释

[1]“重为轻根”，重的事物，总是在轻的事物的下方。意喻重的事物支撑起轻的事物。用现代物理学“重心”的概念来解读，就很容易理解。“重”在“轻”的下面，则重心低，更加稳固；反过来，重心高，容易摇晃，不稳固。

[2]“君”，指君王、统治者、统治地位。

[3]“终日”，指始终。“日”之后，又是“日”，是无法终结的。

第二十七章　能者为师，贵师

导读

能者为师，要重视自己的老师。

原文	译文
善[1]行[2]，无辙迹；	善于潜行，（则）不会留下踪迹；
善言，无瑕[3]谪[4]；	善于言语，（则）不会留下（言语上的）缺陷毛病；
善数，不用筹策；	善于计算，（则）用不着算筹、策【一种计算工具】；
善闭，无关楗[5]而不可开；	善于闭门，（则）不用关门用的门栓插销，也无人能打开；
善结，无绳约而不可解。	善于打结，（则）不用绳索（打结），也无人能解（结）。
是以圣人，常善救人，故无弃人；	所以圣人，始终善于救助他人，因此没有（被他）抛弃的人；
常善救物，故无弃物。	始终善于修理器物，因此没有（被他）抛弃的器物。
是谓袭[6]明。	这就是“袭明”【传统的智慧】。
故，善人者，不善人之师；	所以，有能力的人，是没能力的人的老师【能者为师】；
不善人者，善人之资。	没能力的人，是有能力的人的

	资财【学生要供奉老师】。
不贵其师，不爱其资，虽智大迷。	不重视自己的老师，不爱惜自己的资财，即使聪慧，（人也已经）极度迷失【学生和老师，要互相重视。】
是谓要妙[7]。	这就是“要妙”【重点】。

注释

［1］“善”，善于、擅长。用作形容词时，解为有能力的。

［2］“行”，解为潜行。不解为“行走”，是因为“行走”并不需要去注意会否“留下踪迹”。

［3］“瑕”，本义指玉上面的斑点，引申为空虚、空子，比喻人或事物显露出来的缺陷、缺点或小毛病。

［4］“谪”，本义为罚罪、处罚，后引申为责备、谴责等意思。

［5］“楗”，竖插在门闩上，使门闩拨不开的木棍。解为门栓插销。

［6］“袭”，继承、沿袭。解为传统的。

［7］“要妙”，用作名词，解为重点。

“要”，要点，要害；

“妙”，精妙之处。

第二十八章　大制不割

导读

“大制不割”，大的体制【“大”用作敬语】，不要去割裂、破坏它。不要去割裂、破坏“初生体”“原始体”“原生体”这些“大制”。否则，它的能力、实力、价值等就会下降，甚至消失。替换成“大国不割”，就能够更好地理解了。

“大制不割”，一般都理解为完善的制度是不会伤害老百姓的。可是，我从上下文中，怎么也无法归纳出这个意思。我认为，“割”，是割开、分开、割裂、破坏之意。这从文中“朴散则为器”的“散”字可以推理出来。“散”，散开、分开。“朴”割裂开来，制成器物之后，它的用处、价值就下降了。能够做栋梁的木材，就不要把它割裂开来，做成其他器物。这是这章的要点。

原文	译文
知其雄，守其雌，为天下谿。	懂得自己强雄之处，（用它来）护住自己柔弱的地方，这就是天下山谷（之道）【用周围的山脉，守护住中间万物的精华】。
为天下谿，常德不离，复归于婴儿。	（这些）天下山谷（之道），没有背离客观规律【“常德”】，又（把它）归纳为“初生体”【“婴儿”】。

原文	译文
知其白，守其黑，为天下式。	懂得自己光明正大之处【“白”】，（用它来）护住自己的隐私、不能公开的事物【“黑”】，这就是天下人的行为模式【诸如，用衣服来掩盖自己的隐私部位】。
为天下式，常德不忒[1]，复归于无极。	（这些）天下人的行为模式，（也）不违背客观规律，又（把它）归纳为“原始体”【“无极”】。
知其荣，守其辱，为天下谷。	懂得自己的优点、美好，（用它来）护住自己的缺点、过失，这（也）是天下山谷（之道）。
为天下谷，常德乃足，复归于朴[2]。	（这些）天下山谷（之道），补充、完善了客观规律，又（把它）归纳为“原生体”【“朴”】。
朴散则为器[3]。	未加工的木材，分割开来，制为武器。
圣人用之，则为官长。	圣人使用（这些）武器，（反倒像是）成了军队的将领。（降级了！）【这里从武官的角度来解，这样容易理解】
故，大制不割。	所以，大的体制【“初生体”“原始体”“原生体”】，不要去割裂、破坏（它）。（不然，其价值、功用等，就会下降，甚至变得没有用处。）

注释

［1］“忒”，非常，特别，很，异常。

［2］“朴”，本义为未加工的木材，喻不加修饰。这里解为“原生体”，原始产出的事物。就像是“剖石取玉”，取出来整块的玉，就属于“原生体”。它整块的价值，比割裂开来更大。

［3］“器”，这里解为武器，武官使用的器物。

笔者是从武官的角度，来解这一段文字。文官使用的器物，多为笔、简，不好关联描述。

第二十九章　圣人适度而止

导读

圣人行事，适度而止。

天意不在你，却想强夺天下，这很过分。世间万物，行事多种多样。所以圣人行事，适度而止，不强求一致。

这一章的关键是，“甚、奢、泰”三字均有过度、过分之意。

原文	译文
将欲取天下而为之。	（某人）想要夺取天下，从而成为天下（之主）。
吾见[1]其不得已[2]。	我认为他不能达到目的。
天下，神器，不可为[3]也。	（因为）“天下”，（是）神器，（天意不在你，是）不可以强夺的。
为者，败之；	（这样）做的，（终会）被击败；
执者，失之。	（这样）拿到了（“天下”）的，（也终会）失去它。
故物，或行或随；	所以天下万物，有的在前行，有的在跟随；
或歔[4]或吹；	有的用鼻孔出气，有的用嘴出气；
或强或羸；	有的刚强，有的羸弱；

或挫[5]或隳[6]。

有的被摧折【被捕猎】，有的去毁坏【去捕猎】。

是以圣人，去[7]甚[8]，去奢[9]，去泰[10]。

所以圣人，不过激，不过度，不过分（适度而止，不强求一致）。

注释

[1]“见”，预料、想见、认为。

[2]“已”，本义为止，停止，罢了。也可用作语气助词。在陈述句末，表示确定，同“矣”。

[3]“为”，作为，成为，有“做”之义。

[4]“歔”，鼻孔出气。

[5]“挫”，本义为折断，摧折。有被动意。

[6]“隳”，指毁坏城墙或山头。有主动意。

[7]“去”，本义是有盖儿的盛食器，又可引申为去掉、除去；放弃、失掉、距离、往等。

[8]“甚”，本义是特别安乐，引申为过分、过度、厉害、严重、太、深、很、极、超过等。

[9]“奢”，本义为宅院大、排场大。又有“过分”义。

[10]“泰”，本义为“滑的”，还可指安定平和、奢侈、大之极、过分、通达、宽裕等义。

第三十章 “不道”，乃“物壮则老”

导读

这一章，老子讲“不道”，即“道”的反向阶段：事物由强转弱，终至衰亡的阶段。

强大了，也不要轻易用强。不然，就容易走入“道”的反向阶段——“盛极而衰”，走向衰亡。

原文	译文
以道佐人主者，不以兵强天下。	用“道”来辅佐一方霸主的人，不用武力来强取天下。
其事好还[1]。	这种事，极易得到报应。
师之所处，荆棘生焉。	军队呆过的地方，（良田变成荒地，）荆棘（随着）丛生。
大军之后，必有凶年。	大军过后，（良田尽毁，颗粒无收，）必定是荒年。
善[2]者果[3]而已。	（这只不过是）有能力的人，造成的（恶）果而已。
不敢以取强[4]。	（我）不敢认为，夺取了目标，（就）很强大（很美好）。
果而勿矜，	（所以），（夺取了）目标，（也）不要自负、自夸；
果而勿伐，	（夺取了）目标，（也）不要去

原文	译文
	败坏它；
果而勿骄。	（夺取了）目标，（也）不要骄傲自满。
果而不得已，果而勿强。	目标没有达到时，（也）不要采取强行的办法（去夺取）目标。
物壮则老，是谓不道[5]。	事物壮大（到了极限），就会（转向）衰败，这个过程（就）叫做“不道”【“道”的反向阶段。并不是不符合“道”理的意思，见注释】。
不道早[6]已。	“不道”本来就是指（转向）终结（的过程）【回归本源的阶段】。

注释

［1］“好还”，一般认为是“……极易得到报应”。

［2］“善”，这里是指能力。“善于”的名词化。

［3］“果”，结果、目的、目标。

［4］“不敢以取强”，不敢以取（为）强。

“取”，取得、达到目的、夺取目标。

“强”，强大、美好。

［5］“不道”，肯定不是指不符合“道”。因为，事物盛极而衰，本就是“道”的一部分，谈何不符合“道”！

“不道”是指“道”的反向阶段。

“道”的正向阶段，是事物“由弱变强”的阶段；“道”的反向阶段，是事物“盛极而衰，回归本源”的阶段。

这里是下定义，直译即可。

[6]“早”，本义是指太阳出来的时候，引申为早先、很久以前。这里解为“本来就是、早就是”，用来回应上一句。

第三十一章　左右之道

导读

左右之道，不同类的事物，要分开来。诸如，文官居左，武官居右。

本章的难点是最后面“上将军战胜而归”的叙事。要注意承接上文的主、宾语，从而完成叙事。

这里的“君子”，有可能指的是“君王之子”。可能是，君王年老，由顺位继承人代为处理国务。

原文	译文
夫佳兵[1]者，不祥之器，物或[2]恶之。	那些崇尚武力的（事物），（都）是不吉利的事物，有的事物厌恶它们。
故，有道者不处。	所以，遵循“道”的人，不（把不同类的事物）放在一起。
君子[3]居[4]则贵左；	（因此）君子，安坐（朝堂，处理日常事务）时，则看重“左”侧（的文官）【文官居左】；
用兵则贵右。	发动战争（时），则看重“右”侧（的武官）【武官居右】。
兵者，不祥之器，非君子之器。	武力，是不吉利的事物，不是君子（该使用）的事物。
不得已而用之，恬淡为上。	（君子）无可奈何（的情况下）才使用武力，（所以）平静淡然（对

待它）才是上策。

胜而不美！

（使用武力）胜了也没什么好的。（有很多恶果啊！）

而美之者，是乐杀人。

而（那些）喜欢这样做的人，是喜欢（用武力）杀人。

夫乐杀人者，则不可以得志[5]于天下矣！

那些喜欢（用武力）杀人的人，是不可能获得天下人的认可的。

吉事尚左，凶事尚右。

吉祥喜庆的事，（总是）用“左”来标示；凶险哀丧的事，（总是）用“右”来标示。

偏将军居左，上将军居右，

（让）偏将军坐在左侧，上将军坐在右侧，

言以丧礼处[6]之。

（不如）直说是用丧礼来对待上将军。

杀人之众，以哀悲泣之！

（上将军）杀人很多【应该是指杀害俘虏，不祥】，（君子）为此事而哀伤哭泣！

战胜，以丧礼处之。

（所以，上将军）打赢了战争，（却）用丧礼来对待他。

注释

［1］“兵”，武力、战斗、战争，发动战争。

［2］“或”，有时，有的。“物或”，有的事物。

［3］“君子”，这里指“君王之子”。君王不能处理国务时，由“君子”代理。

［4］“居”，本义是蹲着、闲坐。引申指居住、住地、房屋；又指处于、位于；也指存放、安置。这里按本义解为“安坐”。

［5］“志”，意志。这里解为，认可的意志，直接译为“认可”。

［6］“处”，这里解为处理、对待。

第三十二章　国法，“治国之道”的具象

导读

“道”存于天下。对治理天下来说，“道”体现为“制度、法令”，以此来让民众知道，什么能为，什么不可为。所以说，国法是“治国之道”的具象。

原文	译文
道常无名。	“道”，常常无法描述。
朴虽小，天下莫能臣也。	木材虽然小，（但宁折不弯，）天下就没有能让它臣服的事物。
侯王若能守之，万物将自宾[1]。	侯王如果能够坚守这个道理，万物都将来庆贺。
天地相合，以降甘露；	（如果这样，）天地之气将汇合，降下甘露【风调雨顺】；
民莫之令而自均[2]。	民众没有号令也（将）能自行协调（事物）。
始制有名。	初始的制度、法令，（是）有（具体）描述的。
名亦既有，夫亦将知止。知止所以不殆[3]。	（具体）描述既然有了，民众也就能知道（什么是）禁止（不能做的）。知道什么是不能做的，因此才不会（触犯法令导致）

	身亡。
譬[4]，道之在天下，犹川谷之于江海。	打比方说，“道”存于天下，就像是山川溪流汇入江海。（国家的制度、法令，就是“道”的一种具象。）

注释

[1]“自宾”，自行来做客，解为来庆贺。

“宾”，本义是引导、迎接宾客，引申指宾客、赠送、赠送的物品。

[2]“均”，本义是均匀，公平，引申为普遍、等同、协调，作副词指皆、都。

这里解为协调。不解为“公平、平等、均匀”等，那是因为“号令”总是用来协调事物的。

[3]“名亦既有，夫亦将知止。知止所以不殆”，这与第十七章“治国之道”中的“太上，下知有之”，互相呼应。

“止”，停止、禁止。

[4]“譬”，释义为比喻、打比方。

第三十三章　不失其所者，久

导读

没有丧失“道”理、方法的人【有道者】，（才能）长久。

老子描述了一些规律。“智者，知人；明者，自知；有志者，强行”。除了最后两句，这些规律都是成对存在，从正、反角度来描述的。比如，“知足者”对“强行者【不知足】”。

也从侧面印证了“玄德”的释义，即，从不同的角度，“好”“坏”是不同的。从“知足者”的角度来说，“强行者”不知足，显然“不好”。但从“意志坚定”的角度来说，“强行者”却值得褒扬。

原文	译文
知[1]人者，智；	了解别人的人，有谋略；
自知者，明。	了解自己的人，明事理。
胜人者，有力；	战胜别人的人，有力量；
自胜者，强。	战胜自己的人，坚强。
知足[2]者，富[3]；	懂得满足的人，（是）完备的；
强行者，有志。	（不满足，）坚持行事的人，（是）有志向的。
不失其所[4]者，久。	没有丧失“道”理、方法的人【有道者】，（才能）长久。
死而不亡者，寿。	死后却（能够）不消亡的人，（才能）长存。

注释

[1]“知”，本义是谈论和传授行猎、作战的经验。引申为经验、常识、真理、聪明的、有战略的、觉悟的、了解、懂得、通晓、明白、能体会，也可引申为管理、主持等。

[2]“足”，本义指人的下肢，包括脚和小腿，又有充足、富裕、满足、止、完成、能够等意思。

[3]“富”，本义是完备，后引申为财产多、使富裕等含义。这里用本义。

[4]“所”，本义是处，地方。引申为宜、适宜、道理、方法等。

第三十四章 道可左右万物

导读

大道，像地位低微的仆人一样赡养万物；它同时也是万物的依靠。

这章的难点是前后两个“不为主”——不以之为主，其承接的宾语是不同的。

原文	译文
大道[1]泛兮，其可左右[2]。	大道广泛无边，它可以护持（万物）。
万物恃[3]之而生，而不[4]辞。	万物依赖它而生存，（它）也从不拒绝。
功成不名有。	（它）完成使命（也）不标榜。
衣[5]养万物而不为主[6]，常无欲[7]，可名于小[8]；	（它）负责养育万物，却不以（万物）为主，始终平淡无索求，可（把它）描述成地位低微的【“小”】；
万物归焉而不为主，可名为大[9]。	万物归依大道，却（又）不以大道为主，（又）可（把它）描述为地位至尊的【“大”】。
以其终不自为大，故能成其大。	正因为它始终不自以为地位至尊，所以才能成就它的至尊地位。

注释

[1]“泛”，广泛、广大之意。

[2]“左右”，有帮助、辅佐、袒护、保护等意思。

[3]“恃”，依赖、依靠。

[4]“辞”，本义是诉讼、打官司。引申为言辞、文辞、借口、推辞、辞却等。

[5]“衣”，本义即上衣，引申为包裹、覆盖、穿衣等。

[6]“不为主”在“衣养万物而不为主”与下文“万物归焉而不为主”中，意义不同，关键是承接的宾语不同，这要细细体会才能体会出来。以谁为主？第一个“不为主”，承接的宾语是“万物”，不以万物为主。大道，像仆人一样，负责赡养万物，却不以万物为主。第二个“不为主”，承接的宾语是“焉”【代指“大道”】，不以大道为主。

[7]“无欲”，平静、平淡、无索求。“欲”，欲望、情绪。

[8]“小”，本义是细碎的沙尘微粒，引申为微小，由微小义引申出低微、年幼或年幼的人等义。这里解为地位低微的。

[9]“大”，相对这里的“小”，解为地位至尊的。

第三十五章　“大象”无用

导读

老子在这一章里，就是在叙事。最后是疑惑，大象无用，那为什么民众会喜欢大象？想找出其中道理。

这里的“大象”，就是指动物“大象”。原文中的“乐与饵”，证明了这一点。“饵”，指的是，用来引诱动物的食物。大象是从哪来的呢？我觉得可能是老子生活的时代其活动区域有大象存在或别的小国进贡的。然后，老子就留下了这段叙事，觉得“大象”对国家没用。

“道之出口”，我作了新的断句。

原文	译文
执大象[1]，天下往[2]。	（使者）牵着大象，往天下各处去。
往而不害，安平太[3]。	所到之处，（大象）却没有伤害（民众），（一直）安宁、平和、温顺。
乐与饵[4]，过客止。	（民众）喜欢给（大象）喂食，过往的人都停下来（看）。
道之出？	（这个）道理从哪来呢？（为什么民众会这么喜欢大象）?
口淡乎，其无味；	嘴里淡淡的，（把大象拿来吃，）大象没什么味道【不好吃】；
视之，不足见；	看大象，（大象）不好看；
听之，不足闻；	听大象发出的声音，（叫声也）不

	好听；
用之，不足既[5]。	大象拿来用，（却又）无法喂养它。（太能吃了，农作物都会被吃光。）（所以，大象无用。搞不懂民众为什么会喜欢大象。）

注释

［1］“大象”，这里指动物“大象”。

［2］“往”，本义是到某地，引申为从前、过去。

［3］“安”，本义是平静。引申出静止、舒适、稳妥、没有危险、使……稳定、使……有合适的位置、乐意等含义。

“平”，本义是乐声舒缓、气息舒徐。引申出不倾斜、没有高低凹凸的地势、使……宁静、使……高低相等、齐一、用武力镇压、公正等含义。

“太”，本义是过于、极端、很。又同“泰”，指“安宁、顺利”。

［4］“饵”，指用来引诱动物的食物。

［5］“既”，本义即吃完饭，引申为尽、完、已经。也作连词用。这里解为“喂养”。

第三十六章　事物都有相对性、局限性

导读

这一章，老子用了很多事例，来说明“微明”——事物背后隐藏的特性。即，事物都有相对性、局限性。国之利器也一样，所以不能示人，以免被针对。

这一章里的难点是“之”，其是有具体指向的，指有对应特性的事物。比如，“歙之”的“之”，我用“吹火袋”代替；“废之”的“之”，我用“树木”代替；“夺之”的“之”，我用收获的农作物代替。没找到替代事物的，是“弱之”的“之”，有可能指的是“铁器”。

需要明白的是，对等情况下，并不是所有事物，都具有老子所讲的特性。比如，以弱胜强。鸡蛋碰石头，可不能胜。但，几百几千的鸡蛋砸过去，石头也是够呛的。前提是，要有很多的鸡蛋，而石头很少，这明显是不对等的。这意味着，不对等的情况下，才有可能，以弱胜强。

在第七十八章中，就会讲到，“以弱胜强”并不是一种常态，少有人能做到。常态是，强胜弱。

弱的事物，要先找到自己的优点，再找到对方的缺点【找到不对等的情况】，用自己的“优点”去战胜对方的“缺点”。事实上，还是以强胜弱，只是战术运用不同。战术胜利，有时候会左右战略胜利。

原文	译文
将欲歙[1]之，必固[2]张[3]之；	想要吹火袋吸气，一定要（先）扩张它（才能吸气）；【这里的“之”，指有吸气能力的事物。我用“吹火袋”代替，这样容易理解。下同】
将欲弱之，必固强之；	想要弱化铁器，一定要（先）强化它；（这样，它反而会变脆，容易打碎。）【原句中的“之”指什么事物，我没想通。有可能是指“铁器”】
将欲废之，必固兴之；	想要伐木（取材），一定要（先）让树木茂盛（才有树木可以伐取）；
将欲夺之，必固与之。	想要收获农作物，一定要（先）给它施肥（培育它）。
是谓微[4]明。	这就是“微明”【事物背后隐藏的特性】。
柔弱胜刚强。	柔弱（的事物）（有时候）可以战胜刚强（的事物）。【事物都有相对性、局限性】
鱼不可脱于渊，	（就像）鱼不可以离开水，（有其局限性一样，）
国之利器不可以示人。	国家的利器，（也有局限性，所以）不可以（公开）给人看。（对手如果知道了，就会针对“利器”的缺点，作出相应方略，让“利器”失效或克制它。）

注释

［1］“歙”，吸气或通过呼吸吸入。

［2］“必固”，意思是固执，不知变通，一定要，必须。

［3］“张”，本义是把弦安在弓上，引申义指开、展开等。

［4］“微”，本义是隐蔽、隐匿。引申为秘密地、侦察、精妙深奥、昏暗不明、细小、少、衰落、无等意思。

第三十七章　坚守本心，无欲而定

导读

要做到，像“没有名字、未经加工的木材”一样，坚守本心，控制住私欲，则天下将自行安定下来。

这一章的难点是“无名之朴”。“朴”的本义指未经加工的木材。“无名之朴”的其他解释，来源存疑，更多是后人的臆想。我认为坚持“字解”，能更好地体现《道德经》的本意。

原文	译文
道，常无为，而无不为。	“道”，（按照自身的规律运作，）总（像）是无事可为，却又无时无刻不在控制（万物）运作。
侯王若能守之，万物将自化[1]。	侯王如果能遵循“道”的规律，（统治下的）万物将自行发展、进化。
化而欲作。	自行发展、进化，则私欲（就会）产生。【诸侯分封制的弊病。】
吾将镇[2]之以无名之朴[3]。	（对于我来说，）我将做到，（像）“没有名字、未经加工的木材”（一样，坚守本心），以此来控制私欲。
无名之朴，夫亦将无欲。	（民众像）“没有名字、未经加工的木材”（一样，坚守本心），民众也将没有私欲。
不欲以静，天下将自定。	（民众）不去想（要什么），就会

（心情）平静，天下（也）将自行安定（下来），（不再动荡不安）。

注释

［1］“化”，本义是变化。引申为通过教育使风俗、人心发生变化，即教化。又指风俗、风化，也指自然界从无到有、创造化育世间万物，即造化。这里，我觉得应该理解为“发展、进化”。

［2］“镇”，本义为压。引申指用来压物的东西、抑制、控制、不慌乱、镇定、用武力弹压来维持稳定、军队以武力守卫等。

［3］“无名之朴”，大多解释为质朴自然、玄默无为之“道”，比喻不为人知的才识之士。这样解释，让文意不具有逻辑性。

我认为，“字解”更便于理解文意。即解为像“没有名字、未经加工的木材”一样，坚守本心。

“木材”，常用来指坚强不屈，宁折不弯。

第三十八章　道，德，仁，义，礼

导读

老子对“道，德，仁，义，礼”五种品质的人，进行排位。最后一种品质的人——礼者，缺乏前面的四种品质。“礼”反映的只是人的表象，不是人的实质。所以，只剩下“礼”和夸夸其谈这些表象的人，没有实质，不可取。

从文意来看，老子只是反对纯粹的“礼”、单一的“礼”。“道、德”在“礼”之上，这也表明，“道”者，同样有“礼”。

这一章的难点是，要注意补全句子，注意“字解”。

另一个难点是，“道之华”的“道”，是“说道、言辞”的意思。很多译者，按“大道”的“道”来解，结果就卟咚卟咚【不通不通】地主动跳下陷阱了！

原文	译文
上德不德[1]，是以有德；	德行良好（的人），不（自我标榜）为有德，因此才是（真正的）有品德（的人）；
下德不失德[2]，是以无德。	德行不好（的人），不（认为自己）没有品德，因此才是没有品德（的人）。
上德，无为而无以为；	德行良好（的人），没做什么，就不会以为（自己）做了什么【诚实、诚恳】；

下德，为之而有以为。	德行不好（的人），做什么事，都会以为自己很了不起【自以为是，自欺欺人】。
上仁[3]，为之而无以为；	真正友善相亲（的人），做什么事，都会以为没什么【乐于助人】；
上义[4]，为之而有以为；	表面上友善相亲（的人），做什么事，都会以为自己很了不起【自以为是，自欺欺人】。
上礼[5]，为之而莫之应[6]，则攘[7]臂而扔之。	注重礼节（的人），做什么事，却没有（报酬）回应，就会捋起袖子扔事物。
故，失道而后德，	所以，不符合“道”，则用“德”（去衡量）；
失德而后仁，	不符合“德”则用“仁”（去衡量）；
失仁而后义，	不符合“仁”则用“义”（去衡量）；
失义而后礼。	不符合“义”则用“礼”（去衡量）。
夫礼者，忠信之薄，而乱之首。	那些（只剩）礼节的人，不够忠诚信实，而（容易成为）混乱的源头。
前识[8]者，道之华，而愚之始。	所谓有先见之明的人，言辞华丽（天花乱坠），却是愚蠢的开始。
是以，大丈夫处其厚，不居其薄；	所以，有节操、有作为的人，选择厚实的，不选择薄弱的；
处其实，不居[9]其华。	选择实在的，不选择虚华的。
故，去彼取此。	所以，舍去那些（不好的），选取这些（好的）。

注释

［1］“不德”，补全句子之后为“不以之【指自身】为德”，不自我标榜为有德。

“德”，常用于指道德、品德。“德”是美好的，故又引申为恩惠、感恩，又指客观规律等意义。德，面向的是，生物体现出来的客观规律。

［2］“不失德”，补全句子之后为“不以之【指自身】为失德”，不认为自己没有品德。

［3］“仁”，本义是对人友善、相亲。

［4］“义”，本义是用在各种仪典上的礼器，后用于比喻礼仪、威仪，引申指品德的根本、伦理的原则、合乎正义的、恰当的、合宜、合理、情义等。这里解为表面文章，表面上友善相亲。

［5］“礼”，本义指祭神、敬神，引申为表示敬意的通称。还引申指礼物（即表示敬意的物品）、行为准则、道德规范、礼节、礼仪、敬重、以礼相待等。

［6］“莫之应”，直译为，没有回应。解为没有（报酬）回应。

［7］“攘”，本义表示退让、谦让，后引申为排斥、排除，又表示卷起、撩起等义。

［8］“前识”，意思是先见之明。

［9］“处”“居”，均有据有、占有之意，解为“选择”，可以与后一句更好地呼应。

第三十九章 “王”以“民”为本

导读

这一章阐述“王”以“民”为本。

这一章的难点是“一”，要以平常心去解。“道生一”，所以，这里的“一”不是指“道”，而是指“道”具象化后的第一个产物。不同的“道”，具象出不同的“一”。

原文	译文
昔之得一[1]者，	以前得到（“道”）独一无二【“道”具象化后的第一个产物】认可的事物（中），
天得一以清；	天得到（“道”）独一无二的认可，才能（变得）通透、清澈；
地得一以宁[2]；	地得到（“道”）独一无二的认可，才能贮积、贮藏（万物）；
神[3]得一以灵[4]；	天神得到（“道”）独一无二的认可，才有了异乎寻常的独特能力；
谷得一以盈；	山谷得到（“道”）独一无二的认可，才能（护持事物，让事物）充盈；
万物得一以生；	万物（各自）得到（“道”）独

	一无二的认可，才能（以自己独特的方式）繁衍；
侯王得一以为天下贞[5]。	侯王得到（“道”）独一无二的认可，才能（成为）天下人的表率。
其致[6]之，天无以清将恐裂；	这就是说【这导致】，天不能清澈、通透，恐怕就会分裂开来；
地无以宁将恐发[7]；	地不能贮积、贮藏（万物），恐怕万物将无立足之地；
神无以灵将恐歇；	天神没有异乎寻常的独特能力，恐怕就没有“天神”了；
谷无以盈将恐竭；	山谷不能（护持事物，让事物）充盈，（事物）恐怕就会枯竭；
万物无以生将恐灭；	万物不能繁衍，恐怕就会灭亡、消失；
侯王无以贵高将恐蹶[8]。	侯王不能（成为表率），拥有尊贵、高高在上的地位，恐怕就会败亡。
故，贵以贱为本；	所以，尊贵的地位，是以地位卑微（的民众）为根本；
高以下为基。	高高在上的地位，是以地位低下（的民众）为根基。
是以，侯王自称孤、寡、不穀[9]。	所以，侯王自称为孤、寡、不穀。
此非以贱为本邪？非乎？	这不就是以卑微、低下（的民

	众）为根本吗？不是吗？
故致，数舆[10]无舆，不欲琭琭[11]如玉，珞珞[12]如石。	因此，（不管是）有多个封地（还是）没有封地（的侯王）【有钱权、没钱权的侯王】，（都）不要像宝玉一样华美，（而应该）像坚石一样坚硬、刚强、无华。

注释

［1］“得一”，得到“独一无二”的认可、认证。

“一”，本义为最小原始单位，最小的正整数，后引申为相同的、无二至的、整体的、全部的、整个的、所有的等。这里的“一”，是指“道”具象化后的第一个产物。

老子的文章，很多时候，你只要去补全它，就可以了。并不需要过多发挥，过多臆想。

［2］“宁”，本义为贮积、贮藏，引申为盛放、久远、久立、安定、安宁等意。这里用本义。

［3］“神”，本义是天神，泛指人们身体上的精神和虚无缥缈的神灵，引申为异乎寻常的、不可思议的、注意力、精力、表情等。

［4］“灵”，本是楚方言中对跳舞降神的巫的专称，引申又可指神灵。这里解为“异乎寻常的独特能力”。

每个神灵都有自己异乎寻常的独特能力，如，雷神、雨神。也正是因为有异乎寻常的独特能力，才被称为“神灵”。

［5］“贞”，最早和“鼎”是同一字，“鼎”在卜辞借用为“贞卜”的“贞”。后来在“鼎”的基础上加“卜”分化出“贞”。

“贞”后来又假借为坚贞、有操守、贞节之义。这里解为表率。

[6]“致”，送而必至其处也。引申为送达、达到、造成、导致等。

[7]“发”，读作 fā 时，本义是放出、射出；读作 fà 时，本义是指头发，后引申为生长、发生、送出、表达、开展等义。这里解为万物被“地”放出、送出，即万物将无立足之地。

[8]“蹶”，跌倒，比喻失败或受挫折。

[9]“不穀”，是先秦诸侯之长的谦称。

[10]“舆”，本义指抬、举。引申指车厢、车、轿子、运载、疆域、大地，又引申为众、众人之义。这里解为“疆域、封地”，代表着“钱财、权力”。

[11]“琭”，其本义为玉有光泽的样子。

“琭琭”，解为华美。

[12]“珞珞”，意思是坚硬、刚强的样子。

第四十章 “道”的反向阶段

导读

第三十章讲到“不道”，即“道”的反向阶段——“万物盛极而衰，回归本源”的阶段。

这一章，显然是在为“不道”做补充描述。同时，回应了第一章中“有”的定义，“有，名万物之母”。

原文	译文
反[1]者，道之动[2]；	（万物）回归本源的过程，（是）“道”的动力来源【“道”正向阶段的动力】；
弱者，道之用。	（万物）衰弱衰败衰亡的过程，（是）“道”用来（反哺本源，促进万物复生）。
天下万物生于有，	天下万物来自“有”【母体。这是“有”的定义决定的】，
有生于无。	“有”产生于“无”【天地（万物）之始】。

注释

［1］“反”，回归。

［2］“动”本义是行动，为实现一定的意图而活动。引申为凡动之称，如移动、振动、运动、发动、感动等。作副词用时，指往往，常常。

第四十一章　道隐无名

导读

“道”，（总是）隐藏在意想不到的地方，所以让人难以察觉。

这一章的难点是古语中的“若”字。“若”字应该按本义“顺、理顺”来解，引申为“消除”“战胜”，则语义更为清晰。光明消除了黑暗；真相大白，消除了屈辱。假如“若”字解为“好像、仿佛”的话，语义就令人难以理解。

原文	译文
上士[1]闻道，勤而行之；	上等德行的人听闻了“道”，（会）尽力去遵循它；
中士闻道，若存若亡；	中等德行的人听闻了“道”，（觉得“道”）好像有又好像没有；
下士闻道，大笑之。	德行差的人听闻了“道”，（觉得“道”不可信而）嘲笑它。
不笑，不足以为道[2]。	不笑（的话），不足以（让我）拿它来说道。
故建言[3]有之：	所以，古语有言为：
“明道若[4]昧[5]，	“光之道，（是为了）消除黑暗；
进道若退，	前进之道【积极之道】，（是为了）战胜后退【战胜消极】；
夷[6]道若纇[7]；	平和之道，（是为了）消除暴戾；

原文	译文
上德[8]若谷[9]，	积极提升（自我），（方能）战胜困境；
大白[10]若辱，	真相大白，消除了屈辱；
广德若不足，	多方面提升（自我），（方能）消除缺陷不足；
建德若偷，	树立提升（自我的决心），（方能）不再苟且；
质真若渝[11]；	诚信战胜虚假；
大方[12]无隅[13]，	无限的边【直线】是没有角落的；
大器晚成，	极其珍贵的器物，（总是）需要更多的时间去完成；
大音希声[14]，	（演艺中，）极大的（乐器）声音，（总）把（其中的）人声稀释了【变得听不清楚】；
大象无形。”	大到无边无际的物体，（反而）无法（辨识它的）形状。”
道隐无名[15]。	“道”，（总是）隐藏在意想不到的地方。
夫唯道，善贷[16]且成[17]。	只有“道”，善于施予，从而（推动事物的）发展形成。

注释

［1］“上士”，这里解为上等德行的人。

“士”，本义指治狱的刑官，后引申指男子，也指官阶等级，也用作姓氏。

［ 2 ］“不笑，不足以为道”，补全句子后为“不笑，不足以（之）为道”。补的“之”，承接“不笑”这件事。所以，合理的解法是“不笑（的话），不足以（让我）拿它来说道”。

有的注释者将“道”解为“大道”，结果整句无法理解。

［ 3 ］“建言”，意思是指古语或古谚。

［ 4 ］“若”，最早为象形字，形似一把梳子梳理头发，表示正在把头发梳理顺畅。其本义应为“顺、理顺”，后世多假借为“像、如”义，又引申为“及、达到”。“若”字又可借为第二人称代词用，相当于“你、你的”。又可作假设连词用，相当于现代汉语中的“假如”。这里用本义，解为“理顺”，引申为消除、战胜。

［ 5 ］“昧”，本义指天快亮的时候，又指昏暗不明。引申为人的心中不明、糊涂、隐藏、使人无法看明白。

［ 6 ］“夷”，本义为讨平、平定，引申为除去、诛灭、平坦、平安、平和等义，又以“夷”代指东方部族。

［ 7 ］“纇”，本义为绞在一起的杂丝团，引申为缺点、不平、暴戾等义。

［ 8 ］“德”，本义是登上、升。“德”常用于指道德、品德，引申指有道德的贤明之士、恩惠、感恩、客观规律等意义。这里用本义“登上、升”，解为“提升、提高、学习进步”。

［ 9 ］“谷”，比喻为“困境”。

［10］“大白”，指“本来分辨不清或不为人了解的事情，而完全明白了”。

［11］“渝”，本义为水变污。又指泛滥、违背等。这里解为“虚假”。

［12］“方”，本义是放逐，剃发披枷，流放边疆。后引申为

边塞、边境、正、刚刚、才、边、侧、正四边形、正四边形的，规则的，正直的、片、块、团等义。

［13］“隅”，意思是指屋隅、角落、隅中、靠边的地方。

［14］“大音希声”。从第二章的“音声相和”来看，“音”指的是音乐，“声”指的是人声。

［15］“无名”，指“没有具体描述”。

［16］“贷”，本义是施予、给予，引申指借出、借入、贷款、宽恕、推卸责任等。

［17］“成”，本义一般认为是完成，也有人认为本义是城。引申为成熟、成年、成就、成绩、成为、变成、成全、和解、大等。

第四十二章　阴阳调和

导读

这一章，阐释了“凡事不能太过，总需阴阳调和，适可而止”的道理。

难点在第一句。老子在这里描述了“道”具象化的过程。

而最后一句，并不突兀。其实就是指出，做得太过【强梁者】，是没有好结果的。

原文	译文
道生一，一生二，二生三，三生万物[1]。	“道”产生了“一”，“一”产生了“二”，“二”产生了“三”，“三”产生了万物。【描述了“道”的具象化过程。不同的角度，有不同的见解。】
万物负阴而抱阳，冲[2]气以为和。	万物，背面为阴，正面为阳，（通过）激荡阴阳二气来调和（平衡）。
人之所恶，唯孤、寡、不榖，而王公以为称。	人们所厌恶的，无非就是孤、寡、不榖，而（那些）王公们（却）拿它们来作为（自己的）称呼。
故物，或损之而益，或益之而损。	所以万物，有的折损它反而对它有益【如，给树木清理枯枝败叶，有利于树木生长】，有的补益它反而对它有害【如，过度施肥反而不利于农作物

	生长】。
人之所教，我亦教之。	人们教给我（道理），我也教给他们（道理）【互相调和、补益】。
强梁者，不得其死。	强横、不讲道理的人【做得太过的人】，（自己都）不知道自己是怎么死的【不会有好结果】。
吾将以为教父[3]。	我将把（这）作为（反面）教材。

注释

[1]“道生一，一生二，二生三，三生万物”。

老子在这里描述了“道”具象化的过程。“道”是规律、法则，是多种多样的，看不见，摸不着。“道”想要被民众感知，就需要具象化。具象化的过程，可以看作是数学问题或树形结构。

如，“治国之道”。国法就是“治国之道”具象化后产生的。“治国之道”要具象化出来，首先就要产生一个独一无二的“总纲”，在我们来说，可以看作是“宪法”。有了这个总纲，随之才会产生下一级、更下一级等的法律。如此，“治国之道”就具象化出来了。这种具象化过程，很像树形结构。

又如，“计算之道”。首先要产生独一无二的“1”。有了这个“1”，则 1+1=2，就有了“2”……如此，“计算之道”就同样具象化出来了。

[2]“冲”，有两个本义，一是表示水流涌动，另一个是交通要道。

[3]“父”，有的解释成“开始”。不通。“父”的本义是“父亲”。儿子通常会将父亲作为学习的样本，所以，可以引申为“教材、教案、样本”。

第四十三章　无为之益

导读

老子列举了两个事物规律来说明，按事物规律行事，是有好处的。即用至柔役使至坚；有形的事物，可以用无缝的事物去阻截。

这一章的难点是，“无有入无间”这一句。这是说，无缝的容器，挡不住无形之物，但能够阻挡住有形之物。即有形之物，是能够被阻拦的，就像是水可以用器皿装盛，而不泄漏。

原文	译文
天下之至柔，驰骋[1]天下之至坚。	天下至柔的事物，（总是能）役使天下至坚的事物。
无有[2]入[3]无间[4]。	没有（形体的事物），（才能）穿过没有缝隙（的事物）【所以，水能够用堤坝去封堵，能够用器皿来装盛】。
吾是以知，无为之有益。	我因此知道，按事物规律行事【合乎道理行事】，是有好处的。【“无为”的释义，参见第二章。】
不言之教，无为之益，天下希及[5]之。	不用言语（用实践）的教化方式，按事物规律行事的好处，天下很少（有人）能达到。

注释

［1］“驰骋”，骑马奔跑、役使。

［2］“无有”，没有，什么都没有，没有（形体）。

［3］“入”，本义指进入。“入”与“内”“纳”古本同源，因此，“入”有纳义，既表示献纳、交纳，又表示收纳、采纳。

［4］“间”，本义指缝隙。jiàn，引申为置身其中、参与、抄近路、人与人或国与国之间的嫌隙、隔阂等；jiān，引申为当中、中间。

［5］“及”，本义是追赶上，抓住，引申为到达。

第四十四章 适可而止

导读

这一章，我觉得是谏言，因为文中提到名声、财货。这些都不是平民应该有的。

对于统治者来说，过度聚敛【多藏】，剥削民众太过，必然招致民众反抗，结果就会失去更多，甚至失去身家性命。

这一章的难点，是理顺逻辑，弄清楚对象。

原文	译文
名与身孰亲?	（对于统治者来说，）名声与身家性命，倾向于哪一个?
身与货孰多?	身家性命与财货，（又）看重哪一个?
得与亡[1]孰病[2]?	得到与失去，（又）心疼哪一个?
是故，甚爱必大费，多藏必厚亡。	所以，（统治者）过于喜爱（某些事物），必然会（为此）付出很多；聚敛（越是）严重，（将来）失去的也必然越多。
知足[3]不辱，知止不殆，可以长久。	（统治者）懂得满足【不过度聚敛、索取】，（将来）就不会（因此）受到欺辱【被推翻】；懂得（什么是）禁止的【不能做的】，就不会（因此）失去性命【被造反】。（这样，）才能活得长久。

注释

［1］“亡”，本义是失去，引申为逃跑、逃亡、死亡、死去、没有、灭亡、衰亡等。

［2］“病”，本义是困苦，由此又引申指精神、身体、国家人民方面的困苦。

［3］“足”，本义指人的下肢，包括脚和小腿，后转指脚，又引申为动物的蹄、爪，以及植物的根茎，或支撑器物的脚，物体的基部等。“足”又有充足、富裕、满足、止、完成、能够等意思。

第四十五章　清静为天下正

导读

清楚道理，清楚事物的规律，冷静处事，方为天下正道。

如同四十一章，这里的“若”，按本义“顺、理顺”来解，引申为“消除、战胜、胜过、强于”。

“清”“静”的字义理解，非常重要，要能够很好地承接上文。用以往的“清静平和，顺其自然”来解，会发现前后文完全脱节，难以理解。采用“字解”，“清静无为”，也就是清楚道理，冷静处事，方能最终做到“无事可为”。这也许才是老子想要表达的真意；这才是合格的统治者，需要具备的素质，想要达到的目标。

原文	译文
大成若[1]缺，其用不弊[2]。	（器物）消除了缺陷，（才能）功能完备。这样，使用起来，（就）不会有不好用的地方。
大盈[3]若冲[4]，其用不穷。	细水长流，胜过激流涌动。这样，使用起来，（就）不会（有）穷尽（的时候）。
大直[5]若屈[6]，	正直有理，胜过理屈词穷；
大巧若拙，	高超灵巧的技艺，胜过笨拙；
大辩若讷。	言语滔滔不绝，胜过木讷。
躁[7]胜寒[8]，静胜热。	勇猛战胜畏惧，冷静胜过躁热。

清[9]静[10]为天下正。	清楚（道理），冷静（处事），方为天下正道。

注释

［1］“若”，本义应为“顺、理顺”，后来多假借为“像、如”，又引申为“及、达到”。“若”字又可借为第二人称代词用，相当于“你、你的”。又可作假设连词用，相当于“假如”。这里用本义，解为“顺、理顺”，引申为“消除、战胜、胜过、强于”。

［2］“弊”，害处、破旧、破败、破损、欺蒙人的坏事。古同“蔽”，隐蔽。

［3］“大盈”，无尽地充盈。解为“细水长流”。

［4］“冲”，有两个本义，一是表示水流涌动，另一个是交通要道。这里有水流狂猛冲击、冲洗的意思，解为“激流涌动”。

［5］“直”，本义是不弯曲，引申义有正直、伸直等。

［6］“屈”，本义为使弯曲，与“伸”相对。引申指低头、降服、委屈、冤枉、叫人不痛快、理亏等义。

“屈”，多用于抽象事物，如态度、理由的描写；“曲”，则多用于具体可见的事物。

［7］“躁”，本义为性急，不冷静。根据后面“寒”的意义，解为“勇猛”。

［8］“寒”，本义即寒冷，引申为贫困、悲伤、畏惧、害怕、卑微、低微、冷清等。“寒”字还用来形容很难看，或表示不体面，丢脸。这里为“畏惧”。

［9］“清”，本义为水清澈貌，与“浊”相对。引申为高洁、清静、清楚、廉洁等义；又用为动词，如清除、使清醒等；又用为古地名、水名、朝代名等。这里承接上文，解为

“清楚（道理）”。

［10］“静”，本义是安静，引申为平定、镇抚、静止、恬淡、平和等义。承接上文，这里为“冷静（处事）”。

第四十六章　知足常足

导读

统治者懂得满足，适可而止，不过分索取，则天下常平，统治者的合理索取，也就总是能满足。

难点是“走马以粪”，马匹用来运粪施肥。“走马”指马匹。

原文	译文
天下有道，却走马以粪[1]；	天下遵循“道”理，（秩序井然，）则马匹用来运粪施肥【意指“天下和平，战马多余”】；
天下无道，戎马[2]生于郊[3]。	天下失去了秩序，（则）战乱（就会）在周边产生。
祸莫大于不知足；	祸患，没有比“不知足”更大的了；
咎[4]莫大于欲得[5]。	过失，（也）没有比“欲望”更严重的了。
故，知足之足，常足矣。	所以，懂得“满足”的“足”，（才能）总是获得满足。

注释

[1]“粪”，本义指扫除、弃置，引申为污秽、粪便。

[2]“戎马”，军队、战争、战乱。“戎”本义是兵器的总称，引申为兵器的使用者——兵士、军人。也指与军事有关

的事。

[3]“郊”，城外，“邑”的周边区域。

[4]“咎”，指过失、罪过、怪罪、处分等。

[5]“欲得”，想要得到，欲望。

第四十七章　圣人不远行

导读

在古代，统治信息的传递并不容易，而且往往是在各地的统治机构与中枢间，往来传递。因此，统治者轻易不能离开中枢。离中枢越远，信息传递就越困难，统治者知道的也就越少，对于统治也就越不利。明了这一点，这一章，就不难理解。

这一章就是谏言，缺失的主语可以用“圣人”补充。

原文	译文
不出户，知天下；	（圣人）不用踏出住所，（便能）知道天下发生的事情；
不窥牖[1]，见天道。	不用从窗户往外看，（也能）明了事物运作的规律【源于统治机构源源不断往中枢传递信息】。
其出弥[2]远，其知弥少。	圣人出行，（离中枢）越远，他知道的就越少。
是以圣人，不行而知，	所以，（由于各地往中枢源源不断输送信息，）圣人不用外出，也能知道（天下事）；
不见而名，	不用亲眼所见，也能描绘出（事物运作的规律）；
不为而成。	不用（刻意）作为，也能有所成就。

注释

［1］“牖”，本义为窗户，古建筑中室与堂之间的窗子。

［2］“弥”，本义为放弓松弦，又可为“满、广、终极和久远”等，用作副词时表示程度加深。

第四十八章　无为而无不为

导读

这一章，是理解“无为”的关键一章。

最为关键的是第一句，“为学日益，为道日损”。“益、损”的宾语是什么？指的对象是什么？这是解题的关键。从后文将宾语“事”【意指“乱事”】找出来之后，整句就为“为学日益（事），为道日损（事）”。即，研究学问，每天都在增加“事”；研究“道”【指“治国之道”】，每天都在减少“事”。这里缺少的主语，可以用“君王”填补。这是在劝谏君王，不要沉迷于研究学问，他的职责是治理国家。

由此顺推后句“以至于无为”，就可以得出，“无为”指的是“无事可为，没有乱事需要处理”。这是一个境界，治国、治政的至高境界。

只有明白了“道”理，才能让事物自然而然地运转，才能让“所有的事情都得到（妥善）处理”【无不为】，从而最终做到“没有事情需要处理”【无为】。“无为之治”不是什么人都能做到的，非大智慧者不可为。

需要说明一下，前文涉及的“无为”，与这一章的“无为”是有差异的。比如，第二章的“无为之事”，“无为”是用作形容词，我用“合乎‘道’理”来解。

原文	译文
为学日益，	（君王）研究学问，（则需要处理的事情）每天都在增加；

原文	译文
为道日损[1]。	研究“道”【指“治国之道”】，（则需要处理的事情）每天都在减少。
损之又损，以至于无为。	（研究“道”，事情）越来越少，以至于无事可为。
无为而无不为[2]。	（想要做到）无事可为，则须（做到）所有的事情【意指“乱事”】都得到了（妥善）处理。
取天下常以无事。	谋取天下，常常是因为（君王）没有乱事（需要处理，这才有能力去谋取天下）。
及其有事，不足以取天下。	如果君王有乱事（需要处理），那么也就无法去谋取天下【国有内乱，则无法谋取天下】。

注释

［1］“为学日益，为道日损”，即，“为学日益（事），为道日损（事）”。

“益、损”的宾语是“事”【意指“乱事”】。这是从这一章的最后两句中找出来的【老子总是喜欢“前呼后应”】。“损之又损，以至于无为”中的“无为”，也隐性指出了，“益、损”的是“事”。

直译就是，研究学问，则每天都在增加乱事；研究“道”【治国之道】，则每天都在减少乱事。这里缺失的主语，指的是“君王”。君王的职责是治理国家，要研究治国之道，不应该沉迷于研究学问。这只会让国家疏于治理，导致乱事增加。

[2]“无为而无不为”。无为，因而无不为。阅读理解时，要注意承接上文。

（想要做到）没有事情需要处理，则须（做到）所有的事情都得到了（妥善）处理。

第四十九章　同呼吸，共命运

导读

这一章的中心思想是，圣人用统一的标准对待自己的臣民，与臣民同呼吸，共命运。

难点是“德善、德信”的“德”字的解法；以及“圣人在天下歙歙”的断句。

原文	译文
圣人无常心，以百姓心为心。	圣人没有自己的意志，（他）以百姓的意志作为（自己的）意志。
善者，吾善之；	善良的人，我以善意对待他；
不善者，吾亦善之[1]。	不善良的人，我同样以善意对待他。
德[2]善。	（这是）更高层次的善意。
信者，吾信之；	守信的人，我信任他；
不信者，吾亦信之。	不守信的人，我同样信任他。
德信。	（这是）更高层次的信任。
圣人，在[3]天下，歙歙[4]；	圣人，与天下人在一起（时），（则）同呼吸（共命运）；
为天下[5]，浑其心。	（把自身）当作天下（时），（则）将天下人的意志混为一体。
百姓皆注其耳目。	百姓都（时刻）关注着圣人【将

	自己的“耳目”集中在圣人身上】。
圣人皆孩之。	圣人（也）都把百姓当成自己的孩子（一样对待）。

注释

［1］“善者，吾善之；不善者，吾亦善之”里的“善”，笔者认为，如将“善”解为“善于、擅长、能力、有能力的”，整句的意思就是“有能力的人，我让他更有能力；没有能力的人，我也让他有能力”。这比较符合“善”字在《道德经》中的用法，也更符合统治者用人的逻辑。有能力的人毕竟是少数，不可取少舍多。没能力的人，同样也有其用处。

但，这里如将“善”解为“善良”，就更容易让人理解接受。也因为，这在一定程度上，也能够表达中心思想，即圣人用统一的标准对待自己的臣民。

［2］“德”，本义是登上、升。“德”常用于指道德、品德，引申指有道德的贤明之士、恩惠、感恩、客观规律等意义。这里用本义“登上、升”，解为“升华的、更高层次的”。

［3］“在”，表示生存，泛指存在，引申指停留或处于某个地点，又引申指居于某职位或处于某状态。“在”虚化为介词，指行为的时间、处所、范围等。“在”字虚化后也可作副词，表示动作、事情正处于进行状态。

［4］“歙歙”，你呼吸我也呼吸，同呼吸。“歙”，吸气或通过呼吸吸入。

［5］“为天下”，（以身）为天下。参见第十三章。

第五十章　出死地则生，入死地则死

导读

要善于规避风险，不要自蹈死地。

这一章的难点是“出生入死”。出“什么”则生，入“什么”则死。这需要从后文中找出宾语，那就是“死地”。出“死地”，则生；入“死地”，则死。明了这一点，后文也就不难理解了。

原文	译文
出生入死。	离开（死地），就能够活下来；踏入（死地），就会死去。
生之徒[1]，十有三；	（战乱中，）完好无损的兵卒，（大概）有十分之三；
死之徒，十有三。	死去的兵卒，（大概）也有十分之三【其余皆伤残】。
人之生，动之死地，亦十有三。	人的一生，遇到死地（的机会），（大概）也有十分之三。
夫何故？以其生生之厚[2]。	这是什么原因呢？（这是）因为各人生存能力的大小（不同）。
盖闻，善摄[3]生者，陆行不遇兕[4]虎；	听闻，善于捕捉生存机会的人【善于求生的人】，在陆地上行走遇不到猛兽；
入军不被甲兵。	从军，不会被武器（杀伤）。

原文	译文
兕无所投其角；	（所以，）兕（虽然凶猛，却）没有地方用它的角冲撞（来杀伤他）；
虎无所措其爪；	虎（虽然凶猛，却）没有地方使用它的利爪（来捕猎他）；
兵无所容其刃。	武器（虽然锐利，却）没有地方使用它的锋刃（来杀伤他）。
夫何故？以其无死地。	这是什么原因呢？因为他（善于规避风险），没有（踏入）必死之地。

注释

［1］“徒”，本义是步行，引申指空的、无依托的、只、仅仅、白白地。“徒”还特指步兵、兵卒。这里解为“兵卒”。

［2］“生生之厚”，生存能力的深厚程度【大小】。

“生生”，生命生长。这里解为生存的能力。

［3］“摄”，本义是拿、吸取、保养、代理、迫近、捕捉。

［4］“兕”，上古瑞兽，状如犀牛，但不是犀牛。

第五十一章　再说“玄德”

导读

这一章的“玄德”【正反两面“德”】，与第十章相同，都是归纳总结自物德、兽德。物德、兽德，对人来说，就是指品行低下、缺德、不道德【参见第二章、第十章】。

“玄德”与“德”，“不道”与“道”，在定义的方式、结构上，有些相似，但“玄德”明显更难理解。一定要结合第二章的对应语句，方能理解，为啥“玄德”归纳总结自物德、兽德。

第二、十、五十一、六十五章，要放在一起，会更好理解。

原文	译文
道生之，	“道”产生万物；
德畜[1]之，	“德”养育万物；
物形之，	“物”赋予万物形体；
势成之[2]。	“势”成就万物的威能【能力】。
是以，万物莫不尊道而贵德。	所以，万物都以“道”为尊，以“德”为贵。
道之尊，德之贵，	“道”“德”的尊贵，
夫莫之命而常自然。	（在于）不用发出指令，（万物）就总是（能）自然（运转）。
故，道生之；	所以，“道”产生万物；
德畜之，	（而）“德”养育万物，
长之育之，	促使万物长大，（并）加以繁育，

亭之毒之，	让万物有驻地（受到保护，也）让万物遭受伤害，
养之覆之[3]。	饲养万物，（也）倾覆万物。
生而不有，	繁衍子嗣，却没有子嗣（供养）；
为而不恃，	（独自）作为，没什么（可以）依靠【无依无靠】；
长而不宰，	作为首领，却不主管（事务）。【这三句，都是总结自“物德、兽德”。】
是谓玄德[4]。	这些都是“玄德”。

注释

［1］“畜”，指饲养禽兽，又指积聚、储藏。

［2］“势成之”。“势”，本义为力量惯性趋向。引申为权力、威力，表现出来的情况、样子。

所以，“势成之”，解为“势”成就万物的威能。

［3］“长之育之，亭之毒之，养之覆之”，描述了生物一生中经历的酸甜苦辣，这些都受“德”的控制。

“长之育之”，促使万物长大，（并）加以繁育。

“亭之毒之”，让万物有驻地（受到保护，也）让万物遭受伤害。

“养之覆之”，饲养万物，（也）倾覆万物。

“亭”，本义为古代设在路旁的公房，供旅客停宿。“毒”，本义指毒草，引申指毒物、祸患、苦痛、毒害、伤害、怨恨等。“覆”，本义为翻转、倾覆，引申为覆盖、覆灭、覆翼、覆庇、覆勘、覆函等。

［4］“玄德”，正反两面“德”（参考第二章、第十章）。这里直译就可。

第五十二章　习常

导读

这一章，是老子的日记。叙事，然后感悟，标准的日记体。老子用两个事例，说明“见小曰明；守柔曰强”的“道”理。“守柔曰强”，抓住了弱点【不管是自己的，还是别人的弱点】，就能够变得更加强大。

难点，是前面的叙事。

老子想表达的意思是，日常要注意小节及细微处，这样，才能明“道”，不招惹祸患。

原文	译文
天下有始，以为天下母。	天下（万物）都有它的来源，（这）就是天下万物各自的母体。
既得其母，以知其子；	既然获得了猎物的母体，通过（母体）就可以了解它的子体【猎物本身】；
既知其子，复守[1]其母。	既然了解了猎物本身，（就可以有针对性地设置陷阱，）再去守住猎物的母体【静待猎物寻母上门，好捕捉住猎物】。
没身不殆[2]。	（这样，不用冒险与猎物搏斗，）一生都不会有危险。
塞其兑[3]，闭其门，终身	堵塞道路，关闭他的门户，（让他

不勤[4]；	哪里也去不了，也做不了什么，那他会变得）一生都懒惰；
开其兑，济[5]其事，终身不救[6]。	打开道路，交给他事情（做，那他会变得）一生（勤快），不用（他人）救助。
见小曰明； 守柔曰强。	从细微处见识“道”理，就是明事理； （懂得）守住弱点【抓住弱点】，就会变强。
用其光，复归其明，无遗[7]身殃[8]。	用了别人的“光”，（那）就要还给他“光”，不要遗漏（什么，以致给）自身（招来）祸患。
是为习常[9]。	这是经常（要注意的）。

注释

［1］“守”，本义是官吏的职责，引申义为节操、掌管、保守、遵守、保护等。

［2］“殆”，本义是危险，也作陷入困境的意思。

［3］“兑”，本义为交换。这里通“隧”，道也。

［4］“勤”，本义为做事尽力，不偷懒。

［5］“济”，本义为互助。引申指补益、帮助。

［6］“救”，意思是给予帮助使脱离危险或解脱困难。这里解为救助。

［7］“遗”，本义为丢失。引申指“漏掉、留下、抛弃”等。

［8］“殃”，本义为祸害。引申指“损害”。

［9］“习常”，经常。

第五十三章　盗夸非“道”

导读

不事生产，穷奢极欲，不是正“道”。

这一章的难点，就是要“字解”，一个字一个字地去解答。这才能最大限度地展现原文的真意。

原文	译文
使我，介然[1]有知行于大道， 唯施[2]是畏[3]。	假使我，（能够）坚定执着、充满智慧地行走在无垠的大“道”上， 只有施行（“道”）会（让我）害怕、担心【唯恐施行有误】。
大道甚夷，而民好径[4]。 朝[5]甚除[6]， 田甚芜， 仓甚虚。 服文彩， 带[7]利剑， 厌[8]饮食， 财货有余， 是为盗夸[9]。	大道很平坦，然而民众（却）喜欢走小路【大道长，而小路短】。 朝廷宫殿的台阶很多【靡费甚巨】， （然而）田地（却）很是荒芜， 仓廪很是空空荡荡。 穿着（讲究）艳丽华美， 随身携带锋利的宝剑， 满足于美食【无甚大志】， 资财（却）很多， 这类人就是“盗夸”【穷奢极欲的大盗、国贼、国家的蛀虫】。
非道也哉！	（这类人的做法）不是（正）“道”！

注释

［1］“介然”，坚定执着的样子。

“介”，本义是铠甲，引申指特立、特异的意思。

［2］“施”，本义是实行，引申指用上、加工、给予。

［3］“畏”，本义指恐惧、害怕，古书中亦可指使……害怕，引申指敬服、佩服。

［4］“径”，本义为小路，亦指道路、方法。引申指直、直截了当等。

［5］“朝”，zhāo，本义指早晨，也表示今天；cháo，本义指朝廷，引申为朝代、面对着。

［6］“除”，本义一般认为是宫殿的台阶，泛指台阶，又指去掉、不计算在内、不包括在内。

［7］“带”，本义指古人捆扎衣服的腰带，引申为各种带子或形状类似带子的东西、地带、区域、挂在带上、携带、随身带着。

［8］“厌”，本义一般认为是压、压迫。文献中“厌”多假借为“猒”，意思是满足，由此引申为嫌恶。

［9］“盗夸”，盗中大者，盗中之盗，穷奢极欲的大盗、国贼，国家的蛀虫。这里直译。此类人，强横【带利剑】，不事生产，穷奢极欲，却财富多多。

“夸”，本义为奢侈、张大，引申为夸张、夸大、浮夸、炫耀、赞美、赞赏、美好。

“盗”，本义是过河越界，劫物掠货。后来引申为行窃、偷窃、行窃者、偷窃者。

第五十四章　修“善”于天下

导读

能力、素质的培养程度，决定了德行的多寡、人才的多寡，所以，统治者要修“善”【能力、素质】于天下，以教育为本。

难点是这里的“其”字，分别指代上一句的“身、家、乡、国、天下”。如此，后文的“以身观身”等，才有据可依，上下文的逻辑才完整。

原文	译文
善建[1]者不拔[2]，	善于建造（物品）的人，（零部件结合紧密，）不会（因）拉拽（而脱落）【枪尖不会从枪杆上脱落，刀把不会从刀身上脱落】；
善抱者不脱[3]。	善于抱持物品的人，（物品）不会掉下来。
子孙以[4]祭祀不辍[5]。	子孙后辈按照（这个“道”理行事），（则）香火不断，传承不绝。
修之于身，其德乃真；	自身修习这个“道”理【“善”之道】，自身的德行才是真实的【自身掌握的能力才是真真切切的】；
修之于家，其德乃余；	家里修习这个“道”理，家里的德行才有多余【不用担心家里人才

不够】；

修之于乡，其德乃长；

乡里修习这个“道”理，乡里的德行才能不断成长【不用担心乡里出不了人才】；

修之于国，其德乃丰；

国家修习这个“道”理，国家的德行才能充沛【不用担心人才断绝】；

修之于天下，其德乃普。

天下修习这个“道”理，天下的德行才能全面、广泛【各种人才都不缺，且源源不绝】。

故，以身观[6]身，

所以，以个人（的德行）来观察个人（的好坏）；

以家观家，

以家庭（的德行）来观察家庭（的好坏）；

以乡观乡，

以乡里（的德行）来观察乡里（的好坏）；

以国观国，

以国家（的德行）来观察国家（的好坏）；

以天下观天下。

以天下（的德行）来观察天下（的好坏）。

吾何以知天下然哉？
以此。

我是如何知道天下的状况的？
（正是）因为如此。【人才的多寡，可以看出天下的好坏。】

注释

[1]"建"，本义是指立朝律、树立，引申为建立、创设、竖立、建筑等义。

[2]"拔"，本义为抽，拉出，连根拽出（用于固定和安插好的物品）。引申指夺取军事上的据点、吸出、选取、提升、超出、高出等。

[3]"脱"，本义是指取下、除去、掉下、落掉等。

[4]"以"，本义为用、拿、把、将，引申为"依然、顺、按照、因为等。

[5]"辍"，本义是指中途停止、废止、放下、舍弃、撤销、撤除、取出、拿出等。

[6]"观"，本义指有目的地仔细察看，又指有目的地向别人显示。引申表示对事物的认识和看法、观赏、值得观赏的景象等。

第五十五章　再说“不道”

导读

第三十章之后，老子再一次解释“不道”。“不道”，是“道”的反向阶段，是事物“盛极而衰，回归本源”的阶段。

难点是补足句子、补足宾语时要注意承接上文。大多数译者解读时忽视上文，就会造成逻辑混乱。

原文	译文
含[1]德之厚，比于赤子[2]。	拥有德行的深厚（程度），可以拿刚出生的孩子来比较。
蜂虿虺蛇不螫[3]；	毒虫毒蛇，不会叮咬（自己的孩子）；
猛兽不据；	凶猛的野兽，也不会捕猎（自己的孩子）；
攫鸟不搏。	猛禽，也不会扑杀（自己的孩子）。
骨弱筋柔而握固[4]；	（幼崽）虽然骨骼羸弱，筋肉柔软，但（时刻）在积攒元气。
未知牝牡之合而全作。	（幼崽，虽然）不懂雌雄交合，却（具有此类功能）完全（可以）相应运作。
精之至也。	（这是）精血充沛的缘故。

终日号而不嗄。	（婴儿）没完没了地啼哭，（声音却始终洪亮，）不会嘶哑。
和[5]之至也。	（这是啼哭时）调和平衡的缘故。
知和，曰常； 知常，曰明。	懂得调和平衡，（才）是常理； 懂得了（这种）常理，（才）是明了事理。
益生，曰祥； 心使气，曰强。	多多繁衍，（才）是祥和； （能够）用心意御使气力，（才能）称为强大【有针对性地使用力量，不乱用武力】。
物壮则老，谓之不道。	事物壮大（到了极限），就会（转向）衰败，这个过程称为"不道"【"道"的反向阶段】。
不道早[6]已。	"不道"本来就是指（转向）终结（的过程）【回归本源的阶段】。

注释

［1］"含"，本义是衔在嘴里，不吐出也不咽下。引申义指藏在里面，包容在里面。这里解为"拥有"。

［2］"赤子"，指刚出生的婴儿、幼儿、幼崽、孩子、初生体。

［3］"蜂虿虺蛇不螫"，蜂虿虺蛇不螫（子），"虎毒不食子"之意。补全的宾语，要注意承接上文。不然，就会像大多数译者

一样，逻辑混乱，文意不畅。

［4］“握固”，道教养生修炼中常用的一种手式。

初生婴儿的手指总是弯曲的，被老子指为是在修炼。这里解为“积攒元气”。

［5］“和”，本义指声音相应和，引申为和谐、平和、温和、柔和、和平、和好。

这里是指婴儿啼哭时很有节奏，很有规律，所以不费力气，不伤声带。这里解为“和谐、调和平衡”。

［6］“早”，本义是指太阳出来的时候，引申为早先、很久以前。这里解为“本来就是、早就是”，用来回应上一句。

第五十六章 世事无常

导读

老子不知道在朝堂上受了啥气，一开始就来了两个反问句。然后，定义了“玄同”，列举了“玄同”可能导致的不同结果。结果难定，世事无常。

这一章的难点有两个：

一是“玄同”。同“玄德”一样，“玄同”同样具有正反两面性，指“可以导致正、反两方面完全相反结果的同一样原因或同一种现象”。事实上，大部分的“因”，都能导致不一样的“果”，只是概率大小而已。我们判断“因果”的逻辑，往往是倒推，由“果”及“因”，所以往往认为是“因”导致了果。其实未必如此。“因”往往可以导致很多种“果”。世事无常，未来难辨。

二是开章的头两句。基于“玄同”的概念，原文第一、二句就应该是反问句。因为，“知”可以导致正反两方面的结果，即“言”和“不言”。对“言”来说，也是一样。

原文	译文
知者不言[1]？	懂得的人，（就一定）不说吗？
言者不知？	说的人，（就一定）不懂吗？
塞其兑，	堵塞他的道路；
闭其门[2]，	关闭他的门户；
挫其锐，	打磨万物的锐气；

解其纷，	解决万物之间的纠纷；
和其光，	中和万物（各自）的优势；
同其尘[3]。	将微小（弱势）的物体联合起来形成合力。
是谓玄同[4]。	这些都叫做"玄同"【可导致正、反两方面结果的"因"】。
故，不可得而亲，不可得而疏；	所以，（可能）因为没能达到目标而（变得）亲近，（也可能）因为没能达到目标而（变得）疏远；
不可得而利，不可得而害；	（可能）因为没能达到目标而获得好处，（也可能）因为没能达到目标而受到损害；
不可得而贵[5]，不可得而贱。	（可能）因为没能达到目标而（变得）尊贵，（也可能）因为没能达到目标而（变得）低贱。
故为天下贵。	所以（"玄同"）是天下（需要）重视（的事物，因为它导致的结果极其难测）。

注释

[1]"言"，本义一般认为是说话，引申指所说的话、所写的字、言论、言语。

[2]"塞其兑，闭其门"，见第五十二章。

[3]"挫其锐，解其纷，和其光，同其尘"，见第四章。

[4]"玄同"。"玄"，在第一章中，指"无、有"，具有正反

两面性。

因此，“玄同”，同样具有正反两面性，指“可以导致正、反两方面完全相反结果的同一样原因或同一种现象”。如塞翁失马，可能是“祸”，也可能是“福”。所以，塞翁失马，也是“玄同”。

[5]“贵”，基本义指价格高，与“贱”相对。引申指地位高、价值高、珍贵、重要、尊重、重视等。

第五十七章　再谈治国

导读

治国要堂堂正正。

难点是要正确理解“无事”“无为”，理解古今法令有巨大差异。君王为一己私欲，乱下法令，必然会劳民伤财，盗贼蜂起，所以，老子强调，要“令有所属”【第十九章】。

原文	译文
以正治国， 以奇用兵， 以无事取天下。	治理国家，要堂堂正正； 策划战事，要出其不意。 （国家）没有乱事，才能（去）谋取天下。
吾何以知其然哉？ 以此： 天下多忌讳[1]，而民弥贫； 民多利器，国家滋昏；	我是如何知道这个道理的呢？ 原因如下： 天下禁止做的事越多，则民众越是贫穷【谋生手段变少】； 民众（拥有）的武器越多，（则）国家越是昏乱；
人多伎巧[2]，奇物滋[3]起； 法令[4]滋彰[5]，盗贼多有。	人们的技巧越多，奇巧的事物（就会）不断产生； （君王为一己私欲，）发布法令越多，（则）盗贼越多【民乱越多，

	苛政逼民乱】。
故，圣人云：	所以，圣人说：
“我无为而民自化[6]，	“我（做到）‘无为’【见第四十八章】，则民众（将）自行进化；
我好静而民自正[7]，	我喜欢平和，（不露喜好，）则民众（将）自我反省【猜不透君王心思，则臣民就会自我怀疑】；
我无事而民自富，	我没有乱事（需要处理），（国家安定发展，则）民众自然（会变得）富有；
我无欲而民自朴[8]。”	我没有贪欲，（摈弃奢侈，则）民众自然（会变得）质朴【君为民率】。”

注释

［1］“忌讳”，为因风俗习惯或畏惧权势而对某些不吉利的语言或举动有所顾忌；力求避免某些可能产生不利后果的事。这里解为“禁止做的事”。

［2］“伎巧”，技巧，技术，技艺。

［3］“滋”，指的是“磁河”，也指繁盛、茂盛。这里解为“多、甚、很”，表程度深。

［4］“法令”。古时候，君王的法令，很多都与征税、劳役等有关，往往劳民伤财。古时候的情形与现在不同。

［5］“彰”，本义为明显，显著。引申指表明、显扬、揭示、表露。这里解为“发布、公布、下达”。

［6］“化”，本义是变化，引申为教化、风俗、风化、造化等。

［7］“正”，本义为征行、征伐，是“征”的古字。引申为平定、匡正义、决定、考定、勘定等义。这里按本义，解为“反省”。

“自正”，自我反省。

［8］“朴”，本义为没有细加工的木料。比喻不加修饰、朴素、朴实、朴厚、朴质。

第五十八章　施政概要

导读

施政，要讲规矩而不区别对待；察考而不（刻意）伤害【针对伤害】；正直而不肆意妄为；有内涵而不（四处）炫耀。

本章难点是要正确理解文中“闷、察、正、方、廉、刿”等的字义；理解“好坏”的界定会随着立场、角度的变化而变化，直如“玄德”。

原文	译文
其政闷[1]闷，其民淳[2]淳； 其政察[3]察，其民缺[4]缺。	统治者施政，不计小节、不谋小利，（则）民众淳朴； 统治者施政，精打细算、锱铢必较，（则）民众物资匮乏。【与民争利，则物资匮乏。】
祸兮福之所倚[5]，福兮祸之所伏[6]。	（看上去）有损失、有损害，（却不知实则）占了好处；（看上去）占了好处，（却不知实则）祸患潜藏。
孰知其极[7]？其无正[8]。	谁知道，祸福互相转换的界限（到底在哪里）？这没有（一个）定论。
正复[9]为奇[10]，善复为妖[11]。	“正”的反面，就是“奇”【诡异，不正】；“善”的反面，即为

原文	译文
人之迷，其日固久。	“妖”【有害的，邪恶】。（“正奇”“善妖”的分界点在哪里？）人们（在这方面）的迷惑，历时久远。
是以圣人， 方[12]而不割[13]， 廉[14]而不刿[15]， 直[16]而不肆[17]， 光[18]而不耀[19]。	所以圣人， 讲规矩而不区别对待； 察考而不（刻意）伤害； 正直而不肆意妄为； 有内涵而不（四处）炫耀。【这些行为标准，是因为“好坏”的界限很难界定。角度不同、立场不同，则“好坏”不同，直如“玄德”。】

注释

［1］“闷”，指烦躁，不舒畅。引申指密闭、不透气、不吭声、不声张等。这里解为“闷声不响，忍气吞声，不计小节，不谋小利”之意，与后句的“察”【精打细算、锱铢必较、苛刻】相对。

［2］“淳”，意为质朴敦厚、朴素、诚实。

［3］“察”，本义是仔细看，调查研究、细致深刻地观看。引申指明显、精明、发觉、看出来。这里解为“精打细算、锱铢必较、苛刻”。

［4］“缺”，本义为残破，引申指不够、空额（指职位）、该到而未到等。这里解为“物资匮乏”。

［ 5 ］“倚”，本义为靠着、仗恃，引申为偏、歪、随着、和着。

［ 6 ］“伏”，本义表示趴下、俯伏，或伺机狙击。引申指潜藏、埋伏。

［ 7 ］“极”，本义指房屋的正梁，又叫脊檩，是最高处的檩，有最高处的意义。引申指程度最高的。这里解为“度、程度、界限”。

［ 8 ］“正”，本义为征行、征伐，是“征”的古字。引申出平定、匡正义、决定、考定、勘定、治理、准则、法则义。这里解为“准则、定论、做出决定”。

［ 9 ］“复”，本义为返回。这里解为“反向、反面”。

［10］“奇”，本义是独特、殊异。读 qí 时，引申为出人意料、惊异、美妙、极、甚、特别、赏识、看重等；读 jī 时，引申为单数、余数、零数、诡异不正、命运不好、遇事不顺利等。

［11］“妖”，本义为媚、艳丽。引申指装束或神态不正派、邪恶而迷惑人的、异于常态而害人的东西等。这里解为“有害的、邪恶”。

［12］“方”，本义是放逐，剃发披枷，流放边疆。引申为边塞、边境、正、刚刚、才、边、侧、正四边形、规则的、正直的、片、块、团等。

［13］“割”，本义为切断、截下、划分出来。这里解为“区别对待”。

［14］“廉”，本义为堂屋的侧边。引申指不贪污、便宜、价钱低、察考、访查等。

［15］“刿”，本义为刺伤，引申指割开、切口。这里解为“伤害”。

［16］“直”，本义为不弯曲，引申为正直、伸直等。

［17］“肆”，本义为布陈、展放，引申为放肆、恣肆。此外还有作坊、店铺等义。

［18］“光”，本义为明亮，引申指光线、亮光、光荣、光彩、增光、发扬光大、光滑、平滑、风光等。这里按本义解为“有本事、有内涵”。

［19］“耀”，本义为照耀，引申指显示、炫耀、光荣等。

第五十九章　深根固柢，长生久视

导读

能力、素质这些“德行”，是根本。遵从“道”，自身的能力素质【德行】就会随着逐渐增长。根本深厚、牢固，才能长长久久。

本章解读的难点是“啬”，要遵从“啬”的本义，不被那些先入为主的解读所影响，不臆想，这很重要。

原文	译文
治人事天，莫若啬[1]。	治理民众，代天行事，没有比“获得收获”（更重要的了）。
夫唯啬，是谓早[2]服[3]。	那是因为，“获得收获”，这意味着早先（就）遵从（“道”理）【“获得收获”之前就遵从“道”理。遵从“道”理，可以促进生产，获得更多收获】。
早服，谓之重积德。	早先（就）遵从（“道”理），（也可以）说它是重视积攒德行【因为遵从“道”理，自身能力会随着增长，也会带来更多收获】。
重积德则无不克。	重视积攒德行，（能力不断增长，）就没有什么不能攻克（克服）的。

无不克则莫知其极。	没有什么不能攻克（克服），就不知道他的（能力）极限（在哪里）。
莫知其极，可以有国。	不知道他的（能力）极限（在哪里），（就）可以拥有国家（来治理）。
有国之母[4]，可以长久。	（统治者）有了国家的给养，（才）可以活得长久。
是谓“深根固柢，长生久视”之道。	这就是“深根固柢，长生久视”的“道”理【根本深厚、牢固，能力、素质这些“德行”深厚，才能长长久久】。

注释

[1]“啬”，本义指收获谷物，是“穑”的古字。引申为十分爱惜、节省，又引申为小气、吝啬。这里解为“获得收获”。遵从“道”理，可以促进生产，收获就会大幅度增加。

[2]“早”，本义是指太阳出来的时候，引申为早先、很久以前。

[3]“服”，本义指降服、使顺从。引申为佩服、信服、从事、致力、担任、使用、适应、服从、服侍、衣服等义。这里解为“遵从”。

[4]“母”，本义是指母亲，也可泛指女性的长辈。引申为养育、哺乳、根本、根源、老妇的通称、经商或借贷的本钱等义。这里解为“养育、给养”。国家给统治者提供源源不断的给养，所以统治者才能长久。

第六十章　治大国，若烹小鲜

导读

治大国，若烹小鲜，要时时查看，不可懈怠。时时用“道”来巡查天下，就会发现，有些人【暗指朝堂中人】说假话，作假。

原文	译文
治大国，若烹[1]小鲜[2]。	治理大国，像烹小鲜鱼一样（要时时查看，不可懈怠）。
以道莅[3]天下，	（时时）用“道”来巡查天下，
其鬼不神，非“其鬼不神”；	（就会发现，某些人说的，）那些鬼怪不灵验，并不是“那些鬼怪不灵验”【有人作假之意。类似于“此李逵非彼李逵”。后同】；
其神不伤人，非“其神不伤人”。	那些神灵不会伤害民众，并不是“那些神灵不会伤害民众”。
圣人亦不伤人。	圣人也不伤害民众。
夫两不相伤，	正因为圣人和民众，互相不伤害，
故德交[4]归[5]焉。	所以，（两者的）“德”【能力、素质】交汇融通，（再）返回（彼此，从而都得以提升）【互相交流、提升】。

注释

［1］“烹”，是在煎或炸的基础上，烹上清汁入味成菜的一种烹调技法。煎、炸小鱼时，不能离开，需要不时翻转，一直照看。

［2］“鲜”，本义，一为新鲜味美；一为鱼名，又指活鱼、鲜鱼。

［3］“莅”，本义是指走到近处察看。引申为治理、统治、管理。这里按本义，解为“巡查”。

［4］“交”，本义为，反叉两腿而立。引申为彼此连接、彼此交叉。

［5］“归”，本义一般认为是女子出嫁。引申为返回、归宿、馈赠、给予等。

第六十一章　大者宜为下

导读

臣属国受到欺辱、侵略时，宗主国应当为臣属国撑腰。

这一章的难点是，国大不一定强。古时候，衡量国家强弱，多从粮食、牲畜、人口的多寡去衡量。理解了这一点，这一章就会顺顺的。

原文	译文
大国者，下[1]流[2]，	作为大国，（却）等级低【实力弱小】，
天下之交[3]，天下之牝[4]。	（那就会成为）天下诸国觊觎的焦点，天下诸国（中）的弱者。
牝常以静胜，牡[5]以静[6]为下。	弱者常常用防守来谋取胜利，强者（却）以防守为下策。
故，大国以下[7]小国，则取小国；	所以，大国强于小国，则占取小国；
小国以下大国，则取大国。	小国强于大国，则占取大国。
故，或下以取，或下而取。	因此，有的因为（他国）弱小而去占领，有的因为（他国）弱小而去占为臣属国【“而”，有并列之意】。
大国不过欲兼[8]畜[9]人，	宗主国不过是为了兼并牲畜、人口【当时国家实力的体现】，

小国不过欲入事人。	臣属国不过是为了加入（宗主国），与其一起行事【借势，同时寻求保护】。
夫两者各得其所欲，大者宜[10]为下。	因为两者（都）各自实现了自己的目的，（所以）宗主国应当为臣属国（着想）【为其撑腰】。

注释

[1]“下”，本义为位置在低处的，跟“上”相反。引申为低、由高处到低处、降下、落下等。

[2]“流”，本义一般认为指水的移动，引申指液体移动、流传、传播、无根据的传言、像水流一样不停运动的、品类、派别、等级等。

[3]“交”，本义为反叉两腿而立。引申为彼此连接，彼此对叉。这里为“汇聚、聚焦、焦点、关注、觊觎”。

[4]“牝”，本义是雌性的牲畜动物，后引申为阴性的事物。这里解为“弱者”。

[5]“牡”，本义是雄性动物的泛称，亦指不开花的植物，同时，也有“ 丘陵”“锁簧”之义。这里解为“强者”。

[6]“静”，本义为安静，引申为平定、镇抚、静止、恬淡、平和等义。这里解为“防守、保守”。

[7]“以下”，（主语）的下面。这里解为“强于”。

[8]“兼”，有一同、一并的寓意。引申为兼并、聚合、加倍等义。

[9]“畜”，读 chù 时，本义指人所饲养的禽兽，也泛指禽兽。读 xù 时，指饲养禽兽，又指积聚、储藏。

[10]“宜”，本义是菜肴，一说本义为祭名。引申为相宜、适宜、适合、适当、应当、应该的意思。

第六十二章　道者，万物之奥

导读

“道”，是万物的主宰。掌握了“道”，将有诸多好处，比如，获得更多的收获。

本章难点，一是，“善”字，那是指“能力、有能力”。研究“道”，了解事物的规律，可以获得相应的能力，比如，治国的能力，制作物品的能力，耕种的能力，畜牧的能力，等等。有了能力，就可以获得对应的收获。

二是，“美言可以市，尊行可以加人”之间的语义转折。先抑后扬，前贬后褒。尤其是“美言可以市”，其被下一句“人之不善”所承接。

原文	译文
道者，万物之奥[1]，	“道”，（是）天地万物的主宰，
善人之宝，	（是）有能力的人的珍宝，
不善人之所[2]保[3]。	（是）没能力的人所要维护的。
美言可以市[4]，	好话可以买卖【这并不能真正增加德行】，
尊行[5]可以加[6]人。	（而）高尚的行为（则）可以增加人格（魅力）【德行】。
人之不善，何弃之有？	人的无能【指前文说的，用财货收买别人说好话】，还有什么（比这）更让人嫌弃的呢？

原文	译文
故，立天子，置三公，	所以，设立（的）天子，设置（的）司马、司徒、司空“三公”，
虽有拱璧以先驷马[7]，	虽然尊贵无比，
不如坐[8]进[9]此道。	不如坐下来进修这个“道”。
古之所以贵此道者何？	古时候，重视这个“道”的原因是什么呢？
不曰，以求得，有罪以免邪！	不就是（为了），用（“道”）来寻求获得（更多的）收获，获罪（的时候），可以（用收获来）免去（罪行）【缴交财货来免罪】！
故为天下贵。	所以，（“道”）为天下人所重视。

注释

［1］“奥”，一般认为是室内西南角，是古时祭祀设置神主或尊长居坐之处。引申为室内深处、幽深的地方、深、奥妙、主事人之义。

［2］“所”，用在动词前，代表接受动作的事物。

［3］“保”，本义是背子于背，引申为保养、保护、维护、担保、保证等义。

［4］“市”，指集中进行交易的场所，即市场，引申指市司、管理市场的官吏、工商业及文化发达人口密集的城镇、做买卖、做交易、买或卖、求取等。

［5］“尊行”，高尚的行为。

［6］“加”，本义是诬枉、夸大，引申为增加、外加、放置、施行、超越、欺凌、更加、愈加等。

［7］“有拱璧以先驷马”，指拥有大官出行的仪仗。这里解

为尊崇、尊贵无比。

[8]“坐”，本义是指人的止息方式之一，后引申为就坐、留守、座位、因……而定罪、因为等。

[9]“进”，本义指向上移动，或指向前移动。引申为去朝廷当官，财物等由下而上的归入、收进、收入、进入等。

第六十三章　报怨以德

导读

“报”，本义为制服、判决罪人。“报怨以德”，用（良好的）德行，来应对指责。

做事有职业素养、职业道德，则终无难事。

本章难点还是要“字解”，诸如“报”字。这样就会一通百通，一顺百顺了。

原文	译文
为无为，	（想）有所动作，（却）无事可为；
事无事，	（想）做点事，（却）没什么事（可做）；
味无味。	（想）品尝（食物），（却）没啥味道。
大小，多少，	（不管事情）大小，（有）多少，
报怨以德[1]。	（都要）用（良好的）德行，来应对指责。
图[2]难于其易，	在难事还（很）容易（的时候），（就要）谋划（解决）它；
为大于其细。	在大事还（很）小（的时候），（就要）把它处理掉。
天下难事必作[3]于易，	天下的难事，一定是从简单的事起始的；
天下大事必作于细。	天下的大事，（也）一定是从小事开始的。

原文	译文
是以，圣人终不为大，	所以，圣人始终（从小事着手），不让（它）发展成为大事，
故能成其大。	因此才能成就他的伟大【“善战者无赫赫之功”之意】。
夫轻诺必寡信，	正所谓，轻易许诺（的事情），必定没什么可信度。
多易必多难。	（轻易许诺的事情，说得）有多容易，（则）必定有多难。
是以，圣人犹难之[4]，	所以，圣人更是（把这些事情）当成难事（审慎对待），
故终无难[5]矣！	因此，（这些事情）最终（才）没有（演变成）难事啊！

注释

[1]“报怨以德”，译为“用（良好的）德行，来应对指责”。这样解释逻辑竟然是成立的！

“报”，本义为制服、判决罪人，引申为报告、告诉、传达、通知、报答、报复、报应、回答等。

“怨”，本义为不满意、责备，引申指仇恨。

[2]“图”，本义指古代在皮、绢等材料上标画城邦乡邑及边界的示意资料，后引申为思虑，谋求，谋划，描画出来的形象化的作品、文件等。

[3]“作”，本义为开始治卜龟，引申指制造、起始、兴起、发作、作为、写作等。

[4]“犹难之”，更是把它当成难事。“它”，指前面所说的“轻诺”之事，我用“这些事情”来指代。

[5]“无难”，没有（演变成）难事。

第六十四章　为之于未有，治之于未乱

导读

在还没有事情发生的时候，就把事情发生的根源处理了，让事情不再发生；在还没有乱事的时候，就把乱事发生的根源治理了，让乱事不再发生。

本章在于如何正确地理解“无为”，以及最后一句。最后一句不要从中间断开句子。不然，语法就难以成立，也比较不容易理解。

原文	译文
其安易持， 其未兆易谋。	事情平静（的时候），容易掌管； 事情还没有征兆（的时候），容易谋划。
其脆易泮[1]， 其微易散。	事物脆弱，（则）容易分开； 事物微小，（则）容易散落。
为之于未有，	在还没有（事情）的时候，就把事情发生的根源处理了（给做了）【让事情不再发生】；
治之于未乱。	在还没有乱事的时候，就把乱事发生的根源治理了【让乱事不再发生】。
合抱之木[2]，生于毫末；	大树，（是）从微小（的种子）成长起来的；

九层之台[3]，起于累土；	高台，（是不断）堆积泥土建立起来的；
千里之行，始于足下。	千里的行程，是从脚下开始的。
为者败之，	做事的人，（做的事情多了，终有）事情失败；
执者失之[4]。	掌管事物的人，（掌管的事物多了，终会）事物丢失。
是以圣人，无为故无败，	所以圣人，（做到了）“无为”（的境界）【参见第四十八章】，所以没有失败；
无执故无失。	（做到事物自然运转）不用掌管，所以没有事物丢失。
民之从事，	民众所做的事情，
常于几成而败之。	往往在做到中间的时候，就（坚持不下去而）失败了。
慎[5]终如始，则无败事。	（因此，要）像开始时一样，（把事情）谨慎小心地做完，这才能没有失败的事情。
是以圣人，	所以圣人，
欲不欲，不贵难得之货；	（不管）想要还是不想要，（都）不看重珍稀的货物；
学不学，复众人之所过，以辅万物之自然，而不敢为。	（不管）想学还是不想学，（都能够）复查众人所犯下的过失，（并）用（它）来对比万物的自然规律，从而不再犯下（同样的过失）。

注释

［1］“泮”，本义是古代天子诸侯举行宴会或作为学宫的宫殿，也称泮宫。通“判”，分离。

［2］“合抱之木”，指大树。

［3］“九层之台”，指高台。“九”，古为极数。

［4］“为者败之，执者失之”，做事的人，（做的事情多了，终有）事情失败；掌管事物的人，（掌管的事物多了，终有）事物丢失。

“执”，本义指捕捉、捉拿，引申指握着、拿着、掌管、从事、施行等。

［5］“慎”，本义是小心，引申出忧虑、务必、确实、依顺等含义。

第六十五章　不以“智”治国

导读

君王治理国家，要堂堂正正，不能耍计谋，算计臣民。

难点是，要正确地认识“道”。“道”指的是事物的规律。那么，研究“道”，可以获得什么？

研究“道”，即研究事物的规律，可以获得我们所说的“知识”。“知识”能够让我们具备或增强相应的能力。能力是多种多样的，这也是我开篇就解释“道”是多种多样的原因。

知识可以转化为科学技术，科学技术促进生产，所以，“绝圣弃智，民利百倍”【最高层次的智慧，用“道”不用计谋，这样，民众产出大幅度增加，才能获利百倍】。“计谋”无法让田地的产出增加，而“道”可以。

所以，《道德经》，也可以说是“知识论”“智慧经”。第三十三章中的“知人者，智【了解别人的人，有智计、有谋略】。可见，这里的“智”，并不是指智慧，而是指“智计、计谋、算计”；而与“智”相对的愚，则应解释为“朴实，不算计别人”。

很显然，当“道”和“学”同时在一章里出现时，研究“道”得到的“知识”，老子并没有把它们归入“学问”，而是与“学问”区分开来。

以下是用于辅助理解“智”【反义词】的语句：

“绝圣弃智，民利百倍”【第十九章】。

“知人者，智”【第三十三章】。

“正言若反”【第七十八章】。老子自嘲自己，正确的话语，说得却像是反话。

原文	译文
古之善为道者，	古时候善于研究“道”的人，
非以明民，	并不是用来让民众（变得）有智计、有计谋，
将以愚[1]之。	（而是）想要用（它）来让民众（变得）朴实【不用去算计别人来获得利益。“道”可以增加产出，所以不用去算计别人】。
民之难治，以其智多。	民众之所以难以治理，是因为民众算计多。
故，以智治国，国之贼[2]；	所以，用计谋、算计来治理国家，（是）国家的祸害；
不以智治国，国之福[3]。	不用计谋、算计来治理国家，（才）是国家的福气。
知，此两者亦稽[4]式[5]。	（应该）知道，这两者也是“稽式”【查核的标准，判断对错的标准】。
常知稽式，是谓玄德。	日常知道的“稽式”，也叫做“玄德”【详见第二、第十章】。
玄德，深矣，远矣，与物反矣。	“玄德”，非常深奥，（对人来说，其对错）与物【动物】恰好相反。
然后[6]，乃至大顺。	（遵循）这样（的对错标准）以后，才能够达到万事顺顺利利（的目的）。

注释

［1］“愚”，本义是性格孤僻，不谙熟人情世事，引申指“(道路)不通达”。这里解为“朴实，不算计别人”，详见“导读”部分。

［2］“贼”，本义是破坏，引申指作乱叛国危害百姓的人。

［3］“福”，本义为保佑、赐福。用作名词时，指幸福、福气。

［4］“稽”，读 jī 时，指查核；读 qǐ 时，指停留、迟延。

［5］“式”，本义指事物依据的规矩、标准。引申指示范、榜样、特定的规格、特定内容、程序仪式等。

［6］“然后”，这样以后。指遵循这样的对错标准以后。

第六十六章　圣人不争而莫能与之争

导读

圣人，名望高的人，不用去与别人争抢地位，就能够自然而然地上位。

需要注意的是，“不争而上”并不是对普通人而言，而是对圣人、名望高的人而言。这不是普遍规律。按《道德经》里的定义，这属于“玄德”【对一方适用，对另一方却不适用】。所以，大家要尽量积攒名望，做名望高的人。

这一章的难点，如前所述，是要分清楚谁是主语，才能更好地理解“不争而上”。

原文	译文
江海所以能为百谷王者，	江海之所以能够成为山川河流之首，
以其善下[1]之，故能为百谷王。	（是）因为江海善于处在山川河流的下方，所以能够成为山川河流之首。
是以，欲上[2]民， 必以言下之；	所以，想要地位高于众人， 必定说自己地位低下，不如众人；
欲先民，必以身后之。	想要领导众人，必定将自身置于众人身后【不显露“自身”，“以百姓心为心”】。

是以，圣人处上而民不重[3]， 处前而民不害[4]。	所以，圣人地位高贵，而民众（却）不觉得（有什么）负担； 领导民众，而民众不觉得（有什么）不对。
是以，天下乐推[5]而不厌[6]。 以其不争，故天下莫能与之争。	所以，天下民众乐于举荐（圣人），（因为这样）就不会被压迫。 因此，圣人不去争抢（地位），反而天下没人能与圣人争抢（地位）。

注释

[1]“下”，本义为位置在低处的，跟“上”相反。引申为低、由高处到低处、降下、落下等。

[2]“上”，本义为高处、上面，引申为等级或品质在上的、次序或时间在前面的，以及由低处向高处升登或从此处向彼处前进的意思。

[3]“重”，本义指质量或密度大，引申指分量、程度深、紧要、不轻率。

[4]“害”，本义一般认为是灾祸，引申指祸害、残杀、有害的、发生疾病、心理产生的恐惧不安的情绪。

[5]“推”，本义为手抵物体向外或向前用力使物移动。引申指使用工具向前移动进行工作、使事情开展、进一步想、由已知之点想到其他、举荐、让出、献出。

[6]“厌”，本义一般认为是压、压迫，这个意思后来写作“压”。文献中“厌”多假借为“猒”，意思是满足。由此引申为嫌恶。

第六十七章　三宝之仁者无敌

导读

仁爱，节俭，不盲目冲动，被老子誉为“三宝”。

“道”难以刻画、具象出来，“三宝”也是如此。仁爱的作用，在于给人勇气。有了勇气，攻则无不克，守则莫能摧。

难点是“肖”字。用“肖像”去理解，会容易些。

原文	译文
天下皆谓我道大，似不肖[1]。	天下人都说，我（说的）“道”大，好像不能刻画出来【难以具象出来】。
夫唯大，故似不肖。	正因为（“道”）深远广大，所以（才）好像不能刻画出来。
若肖，久矣其细也夫！	如果（可以）刻画出来，久而久之，“道”就会（变得）微不足道！
我有三宝，持而保之。	我有三样宝贝，（一直）秉持并保有它们。
一曰慈[2]，	第一个就是“慈”【仁爱】；
二曰俭[3]，	第二个就是“俭”【节俭】；
三曰不敢为天下先。	第三个就是“不敢为天下先”【不盲目冲在前，深思熟虑】。

原文	译文
慈故能勇；	“慈”【仁爱】，（心中有了信念、挂念，）所以就能充满勇气；
俭故能广[4]；	“俭”【节俭】，则（节省下来的物资）就可以（用于）扩大（事业）；
不敢为天下先，故能成器长[5]。	（事事深思熟虑，）不（盲目）冲在前，这才能成为（合格的）首领。
今舍慈且勇，	（如果）现在舍弃仁爱而（片面追求）勇气，
舍俭且广，	舍弃节俭而（盲目）扩大事业，
舍后且先，	舍弃深思熟虑而（盲目）冲在前，
死矣！	则（必然）失败！
夫慈，以战则胜，	仁爱，以之作战则战无不胜，
以守则固。	以之坚守则固若金汤。
天将救之，以慈卫之。	天【指统治者】（若）想拯救世人，（必）用仁爱来守护世人。

注释

[1]“肖”，读 xiào 时，本义是相似、相像，后引申指效仿义；读 xiāo 时，有微小、渺小之义。这里解为“刻画出来、形容、仿效”。

[2]“慈”，本义是仁爱、和善。

[3]“俭”，本义为节省、不浪费。

[4]“广”，本义为有顶而无壁的大殿，后引申为大、宽阔。古代文献中也用作动词，指扩大。这里解为“扩大、扩容”。

[5]“器长”，万物的首领。

第六十八章　配天行事

导读

辅佐统治者行事，需要有具备各种能力的人。如：善于领导谋划的，善于战斗的，善于选人用人的。

理解了字义，这一章难点不大。

原文	译文
善为士[1]者，不武[2]；	善于领导谋划的，不（轻易）发动战争；
善战者，不怒；	善于战斗的，不（因）怒（兴兵）；
善胜敌者，不与[3]；	善于战胜敌人的，不（轻易放弃现有）给（敌人）【不轻易放弃所有，削敌不资敌】；
善用人者，为之下。	善于用人的，（往往）放低姿态【谦卑】。
是谓不争之德，是谓用人之力，是谓配天。	这就叫做“不争之德”“用人之力”“配天”【辅佐统治者行事】。
古之极。	（这些都是）古时候的最高（行为准则）。

注释

[1]“士”，本义为治狱的刑官。引申为男子、将领、兵士、武士、官阶等级等。

[2]“武”，本义为征伐示威，引申为勇敢、英勇、用兵、指挥作战等。这里按本义解为“发动战争”。

[3]“与”，本义为赐予，引申指给予、参加、交往等。这里解为“给予”。

第六十九章　轻敌是祸

导读

轻敌，会让你丧失底牌、依靠，从而遭遇失败。

这一章是要正确理解“轻敌”是个啥模样！轻敌，则“为主而为客”，在主场却像是在客场，无所适从，没做好准备。

原文	译文
用兵有言：	（我）在军事上说过：
“吾不敢，为主而为客；	“我不敢，在主场却（做的像是）在客场；
不敢，进寸而退尺”。	不敢，进攻却（做的像是）撤退”。【用兵用得不伦不类。】
是谓，行，无行；	这就是说，行军没有行军（的样子）；
攘[1]，无臂；	要用手推（载具），却没有人伸手；
扔[2]，无敌；	（用武器）抛投，（射程内却）没有敌人【没有敌人伤亡】；
执，无兵。	（有的人）手上拿着的，（却）没有兵器【全是乱七八糟的东西】。
祸莫大于轻敌！	祸患没有比轻敌更大的了！
轻敌几丧吾宝[3]。	轻敌几乎让我丧失了（所有的）底牌。
故，抗兵相加[4]，哀者胜矣！	所以，军队对抗，实力相当（时），（因）悲痛（而全力以赴）的一方（将）获胜。

注释

[1]“攘”，表示用手推开，退让，谦让。引申为排斥、排除、卷起、撩起等。

[2]“扔”，本义为扔掉、丢弃、牵引、拉。引申为使远离、抛投。

[3]“宝”，宝贝。这里解为“底牌、后手”。

[4]“相加”，相应增加，指实力相当。

第七十章　物以希为贵

导读

事物越是稀缺，知道的人就越少，则越是珍贵。

“知，我者希，则我者贵”，就是“物以希为贵”的道理！

原文

吾言：

“甚[1]，易知；甚，易行[2]。

天下，莫能知，莫能行。”

言有宗[3]，事有君。

夫唯无知，是以不我知[4]。

知，我者希，则我者贵[5]。

是以圣人，被褐[6]怀玉。

译文

我说：

“（事物）多了，（就）容易知道；（事物）多了，（就）容易使用到。（然而）天下，没有人能（都）知道，没有人能（都）使用到。”

说话要有宗旨，事情要有主体。

正因为缺乏知识、常识，所以才不自知【不能正确地认识自己】。

（要）知道，事物稀少，则事物（就会变得）珍贵【物以希为贵】。

所以圣人，（外面）穿着（普通的）布衣，（里面却）怀揣着（珍稀的）宝玉【知道的人少，才显得宝玉珍贵】。

注释

［ 1 ］“甚”，很，多。

［ 2 ］“行”，本义是十字路口，后来把“行”字当作动词来使用。引申为道路、直排、走、经历、做、从事、施用、路程、表现等义。这里解为“使用”。

［ 3 ］“宗”，本义是祭祀祖先的场所，即宗庙，又指神庙。引申指尊崇、至高无上的、祖宗、同祖家族、主要的目的、意图。

［ 4 ］“不我知”，不自知，不能正确地认识自己。

［ 5 ］“知，我者希，则我者贵”，（要）知道，事物稀少，则事物就会（变得）珍贵。

“我者”，指代“事物”，是口语中的一种“代入”用法。

［ 6 ］“褐”，粗布或粗布衣服，或指黑黄色。

第七十一章 病病，是以不病

导读

把困难当成困难，才能消除困难。

本章的难点是断句和“字解”。断好了句子，语义就会比较顺畅。

原文	译文
知不知，上[1]；	知道（大家都）不知道的，（就能）更上一层楼【晋升、提拔】；
不知知，病[2]。	不知道（大家都）知道的，（就会遇到）困难。
夫唯病病，是以不病。	正因为把困难当成困难，所以才能消除困难。
圣人不病。	圣人没有困难。
以其病病，是以不病。	是因为他，把困难当成困难，所以才能消除困难。

注释

[1]“上”，本义为高处、上面，引申为等级或品质在上的、次序或时间在前面的，以及由低处向高处升登、从此处向彼处前进的意思。这里为晋升、提拔。

[2]“病”，本义是困苦，引申指疾病。这里解为“困难、困境”。

第七十二章　不厌，是以不厌

导读

统治者不压迫自己的民众，民众才不会倾覆统治者。高压统治，总会激起更多的反抗。

难点是要从统治的角度去理解，尤其是第一句“民不畏威，则大威至”，这是“采取高压统治”之意。这一句理解了，就可明了下一句其实是反问句。军队去镇压民众，必然会影响民生，让更多民众厌恶。由此再得出结论“不厌，是以不厌”。环环相扣。

原文	译文
民不畏威[1]，则大威至。	民众不服当地官府的管制，就派遣强大的力量【军队】去（镇压）【采取高压统治】。
无狎[2]其所居，无厌[3]其所生？	（那么，这样难道）不会侵犯民众的住所，不会压迫（破坏）民众所生存的环境吗？【这将引起更多民众的反感和厌恶。】
夫唯不厌，是以不厌。	正因为（统治者）不压迫（民众），所以（民众才）不会倾覆（统治者）。
是以圣人，自知不自见[4]，	所以圣人，了解自己（却）不炫耀自己；

自爱不自贵。	爱惜自己，（却）不认为自己（比民众）重要。
故去彼取此。	所以，舍去那些（不好的），选取这些（好的）。

注释

［1］“威”，本义是强大的力量和令人敬畏的气势，引申为威严、权势、武力等。这里解为“当地官府的管制、力量”。

［2］“狎”，本义指驯犬，引申为戏弄、亲近而态度不庄重等义。这里解为“侵犯”。

［3］“厌”，本义一般认为是压、压迫，这个意思后来写作“压”。文献中“厌”多假借为“猒”，意思是满足，由此引申为嫌恶。这里解为“压迫、倾覆”。

［4］“自见”，释义是自我表白，显露自己。这里解为“炫耀自己”。

第七十三章　统治之道

导读

天意【统治者的意志】难测，有好有坏。统治之道，要想良好稳定，则要做到堂堂正正、明明白白而又善于谋划【善用“阳谋”】，织牢统治的网络。

译解本章时，要正确补足主语、宾语，补全句子。发号施令的，是统治者；被执行的，当然就是臣民。同时要理解，文章的前半段是为后半段做铺垫。

原文	译文
勇于敢[1]则杀，	（臣民）违逆（统治者），（统治者）就杀了（他）；
勇于不敢[2]则活。	（臣民）顺从（统治者），（统治者）就不杀（他）。
此两者，或利或害。	这两种做法，有好有坏【要看情况】。
天[3]之所恶，孰知其故！	统治者厌恶的事物，谁（又能）知道它的因由【天意难测】！
是以，圣人犹难之。	所以，圣人更是把“如何统治”当成难事（审慎对待）。
天之道，不争而善[4]胜；	统治者的统治之道，（要做到）不去争斗也能够取胜；
不言而善应；	不用说话也能够应答；
不召而自来；	不用召唤，（臣民）也能够自行前来；

繟[5]然而善谋；	明明白白却（又）善于谋划【善于采用“阳谋”】；
天网[6]恢[7]恢，疏而不失。	（善于编织）弘大的统治之网，（看上去）稀疏却不会遗漏。

注释

［1］“勇于敢”，有勇气冒犯（统治者），违逆（统治者）。

“敢”，表有胆量、勇于进取。引申为冒昧、侵犯、冒犯义。这里解为“冒犯、违逆”。

［2］“勇于不敢”，顺从（统治者）。

［3］“天”，这里指代统治者。承接了前二句隐藏的主、宾语，即“统治者”。

［4］“善”，这里解为有能力，能够。

［5］“繟”，意思是宽绰、舒缓。这里指一目了然、明显、明明白白。

［6］“天网”，统治之网。

“网”，本义指一种用绳线编织成的捕鱼工具，引申指像网一样的东西、像网一样纵横交错的系统或组织。

［7］“恢”，本义为心志弘大。引申指弘大、发扬。

第七十四章　祸民者，杀

导读

老子说，那些胡作非为，让民众经常害怕被处死的，必定捉来杀了他。

让老子喊打喊杀的，都是一方官员。

本章难点是断句。断得不好，就会难以理解文义！

原文	译文
民不畏死，奈何以死惧之？	（如果）民众不怕被处死，（那）为什么要用死去恐吓他？【民众是害怕被处死的。】
若使民常畏死而为奇[1]者，	至于做出奇奇怪怪的事情【胡作非为】，让民众经常害怕被处死的，
吾得执而杀之。	我必定捉来杀了他。
孰敢常有司杀者[2]杀？	谁敢频繁让执行死刑的人（无缘无故）执行死刑？【不怕死吗！】
夫代司杀者杀，	那些代执行死刑的人执行死刑，
是谓代大匠斫[3]。	就叫做“代大匠斫”。
夫代大匠斫者，	那些代大匠【专业人士】砍人头的，
希有不伤其手矣！	很少有不伤到手的。【因为很不专业啊！】

注释

［1］“为奇”，做出奇奇怪怪的事情。“奇”，不正。

［2］“司杀者”，司职死刑的人，执行死刑的人。

［3］“斫”，砍、削。

第七十五章　民治，吏治

导读

民众之所以难以治理，往往是因为管理民众的官员（胡乱）作为【吏治从来都是问题】。

这一章的难点是，“上食税”的“上”，是用作动词“上缴”。

原文	译文
民之饥， 以其上食税[1]之多，是以饥。	民众之所以饥饿， 是因为民众上缴的税赋【用粮食缴交的税赋】太多，（自留的粮食太少，）所以（才）饥饿。
民之难治， 以其上之有为，是以难治。	民众之所以难以治理， 是因为管理民众的官员（胡乱）作为【吏治从来都是问题】，所以（才）难以治理。
民之轻死， 以其求生之厚，是以轻死。	民众之所以不顾生死（反抗）， 是因为民众求生欲望浓厚，所以（才）不顾生死（反抗）。
夫唯无以生[2]为者，	只有不顾生死（起来）反抗（苛政）的，
是贤[3]于贵生[4]。	（才）是善于（死中）求生（的人）。

注释

［1］“食税”，税赋，用粮食来交的税赋。古时候的税赋，往往与粮食有关。

［2］“无以生”，不以生存（为目的），不顾生死。

［3］“贤”，本义为有道德的、有才能的。这里解为“有才能的，善于”。

［4］“贵生”，重视（自身的）生存。这里解为“求生”。

第七十六章　强横，是为下策

导读

强横，穷兵黩武，是为下策；协调发展，方为上策。

这一章的难点，是要注意到文中隐约的“适可而止”之意，恰如第四十二章里的“强梁者，不得其死”【过于强横的人，都不知道自己是怎么死的】。

原文	译文
人之生也柔弱， 其死也坚强。 万物草木之生也柔脆， 其死也枯槁。 故，坚强者，死之徒[1]； 柔弱者，生之徒。	人的生命，柔软脆弱， 死后（身体）却（变得）坚硬； 动物植物的生命，也很脆弱， 死后（躯体）也（变得）干硬。 所以，坚硬的人，（是）死人【强横是取死之道】； 柔软的人，（才是）活人【懂得调和妥协，才是生存之道】。
是以，兵强[2]则不胜， 木强则兵。	因此，以武力为强，（穷兵黩武，）则（终要）失败； 木材（过于）坚硬，就会拿来做成武器。
强大处下，柔弱处上。	强横，是为下策；懂得调和妥协，方为上策。

注释

［1］“徒”，本义是步行。由步行没有凭借，引申为空的、无依托的。后又指只、仅仅。又引申为“白白地”。“徒”还特指步兵，后泛指跟从的人，又指同一派系的人，还特指徒弟或学生。“徒”也指因犯罪而服劳役的人。

［2］“兵强”，以武力为强，穷兵黩武。

第七十七章　天之道，损有余而补不足

导读

统治之道，有多的，过了的，就相应减少；不够的，就相应增加。始终调节平衡，做到不偏不倚，公平公正。这样，才能更好地实现目标【射中标靶】。

本章难点是对“射箭之道”的理解。位置高的，要压弓往下射；位置低的，要举弓往上射。就像是攻城战中城上城下对射，城上压弓往下射，城下举弓往上射。

原文	译文
天之道，其犹张弓与[1]！	统治者的统治之道，它就像是张弓射箭一样。
高者抑[2]之，	位置高的，（射箭瞄准时）就把弓往下压；
下者举[3]之。	位置低的，（射箭瞄准时）就把弓举高（一些）【我认为，这两句描写的就是攻城战中城上城下的对射】。
有余者损之，	（这就是）有多的，（过了的，）就（相应）减少；
不足者补之。	不够的，就（相应）增多。
天之道，损有余而补不足。	统治者的统治之道，（要做到）减少“有多的”，增多“不够的”【始

原文	译文
	终调节好平衡】。
人之道则不然。	为人之道，则不一样。
损不足以奉[4]有余。	减少“不够的、差的”，来增益“有多的、优秀的”。
孰能有余以奉天下？	谁能用“有多的、优秀的”来增益天下民众？
唯有道者。	只有遵循“道”的人。【有道者，懂得利用事物规律，生产力高，所以“有余”。】
是以圣人，为而不恃，功成而不处[5]。	所以圣人，作为而不依靠（他人），做成事也不止息。
其不欲见贤[6]。	（因为）他不想见到（比自己更）有才能的人【不想落后于人，不想有人比自己更“有多”、更“优秀”】。

注释

［1］“与”，本义为赐予，引申指给予、参加、交往、类、同等。这里按“类、同”义，解为“一样”。

［2］“抑”，本义指压、按，引申指控制、压制。

［3］“举”，本义指“举起、抬起”，又引申指有起动性的动作行为。

［4］“奉”，表示用手承受、捧着，这个意思后世用“捧”表示。引申为进献、献上、供给、供养等。这里按“进献”义，解为“增益”。

［5］“处”，本义为暂时停下来、止息，引申为居住、处理等。

［6］“贤”，本义为，有道德的，有才能的。

第七十八章　以弱胜强，难

导读

以弱胜强，难【水克刚，只是个特例】。对于强国的压迫，君王要学会，承担国家遭受的耻辱【强国的欺凌】，承担国家遭受的祸患【强国的侵凌】，忍辱负重。

这里不要理解反了。“柔”到了极致【至柔】，才能胜刚。这是特例。一般情况下都是刚克柔，强胜弱。

原文	译文
天下莫柔弱于水， 而攻坚强者莫之能胜。	天下没有比水更柔弱的了。 然而，对于攻坚克强来说，没有什么能超过它。
其无以易之[1]。	这样的例子，（却）没有其他例子可以替换它【这是特例，不是常例】。
弱之胜[2]强，柔之胜刚， 天下莫不知，莫能行。	弱能够胜强，柔能够克刚， 天下没有人不知道，（却）没人能做到。【因为这不是常态。常态是强胜弱，刚克柔。】
是以，圣人云： “受[3]国之垢[4]，是谓社稷主；	所以，圣人说： “（能够）承担国家（遭受）的耻辱【强国的欺凌】，才能称作社稷

	的主人；
受国不祥[5]，是为天下王。”	（能够）承担国家（遭受）的祸患【强国的侵凌】，才能为天下的君王”。
正言若反。	正确的话语，（听起来）像是在说反话【不容易理解】。

注释

［1］“其无以易之”，这样的例子，没有其他例子可以替换它，表示这是特例，不是常例。

“易”，常用义为改变、改动、交换。又表示容易，引申为认为容易、轻视。这里解为“替换”。

［2］“胜”，本义指能担当起来，后引申为禁得起、完了、没有了、克敌制胜、超过、胜过等。

［3］“受”，最初有两层含义，一是交付东西，后另造一字“授”来表示；二是接受东西，由此可引申为遭受、收取、容纳、买入、继承、应和、禀受等义。

［4］“垢”，本义为需要通过埋在土里来处理的那些东西。引申为污秽、脏东西、耻辱、水垢、蒙受屈辱、邪恶等。

［5］“祥”，本义指“吉祥”，引申指好的征兆、吉利、和善、善良。

第七十九章　天道与善

导读

统治之道，要做到不偏不倚，赏罚分明。做得好的，有能力的，要时常奖励。

原文	译文
和大怨，必有余怨，	调和极深的仇怨，必定有仇怨残留，
安可以为善！	怎么可能善了！
是以圣人，执左契[1]而不责[2]于人。	所以圣人，立契约借（财货）给别人，而不是从别人（那里）索取。
有德司[3]契；	德行好的人，按契约操作（行事）；
无德司彻[4]。	德行差的人，行事不按契约【毁约】。【不按契约行事，就容易产生仇怨。】
天道无亲，常与善人。	统治之道，（要做到）没有偏好，时常奖励有能力、做得好的人【德行好的人】。

注释

［1］“左契”，指契约的左半部。其由债权人保存。解为

“立契约借给别人”。

[2]“责”，本义是索取，引申为责备、责任、债务等。

[3]“司”，本义为主管、操作，引申为视察、掌握、处理、承担等。这里解为“操作、行事”。

[4]“彻”，本义当为撤去、撤除（此义后用“撤”字），引申指穿、透、通达、治理、毁坏。这里解为“毁约”。

第八十章　某个小国

导读

老子描述了某个小国。这个国家非常小，原始而自我封闭。

这一章，老子没有作出评论，很是诡异。难道，老子最终不知去向，就是到了这个“小国”隐居了！

原文	译文
小国寡民。	（某个）小国，（疆域狭小，）民众稀少。
使有什伯[1]之器而不用；	（即使）给这个国家，需要多人操作的大器具，（它）也没法用【人力少】；
使民重死[2]而不远徙[3]；	（它）威胁处死民众，来（让民众）不迁往他国；
虽有舟舆，无所乘之；	（它）虽然有船、车，但（地域狭小）没法乘坐【无须乘坐】；
虽有甲兵[4]，无所陈[5]之；	（它）虽然有军队，（却）没地方列阵（操演）；
使人复结绳[6]而用之；	（它）还让人结绳来记事；
甘其食，美其服，安其居，乐其俗。	（它）以自己的食物、服饰、住所、风俗为甘为美为安为乐。
邻国相望，鸡犬之声相闻。	邻近的国家，相互间都能看见；

民至老死，不相往来。

鸡犬叫唤的声音，彼此都能听见【形容非常近】。

（然而，这个国家的）民众一直到老死，（也）不（与邻国）互相往来【自我封闭】。

注释

［1］“什伯”，数量词，指超过十倍、百倍。

［2］“重死”，重视死亡（的威胁）。指被威胁处死。

［3］“远徙”，向远方迁徙，指迁往他国。

［4］“甲兵”，指铠甲和兵械，泛指兵器。也指披坚执锐的士卒、军队。

［5］“陈”，本义为陈列，引申为陈述等义。这里解为“列阵”。

［6］“结绳”，将两根绳子扎接起来；文字产生之前，人们用来记数记事和传递信息的方法。

第八十一章　王者为民

导读

统治之道，是让民众获得好处，而不是去伤害民众。这是这部统治学说的最终定论。

“天”，解为“统治者”。这起自第七十三章的“天之所恶”。这个“天”字，承接了第一、二句隐藏的主、宾语，即“统治者”【君王】。

原文	译文
信言不美，	诚信的言语，没有华丽的辞藻；
美言不信。	华丽的言语，缺乏诚信。
善者不辩[1]，	有能力的人，不用去争论真假【自己知道真假】；
辩者不善。	争论真假的人，没什么能力。
知者不博[2]，	知识（专精）的人，不博学；
博者不知。	博学的人，不懂得（精深的）知识；
圣人不积[3]。	圣人不用（专门）去积攒（财货）。
既[4]以为人，己愈有；	因为把（财货）用在民众身上，（民众以此产生更多财货，反而会让）自己越来越富有；
既以与人，己愈多。	（也）因为把（财货）赐予民众，（民众反馈回来的财货，反而会让）自己（的

	财货）越来越多。
天之道，利而不害[5]；	统治者的统治之道，（是让民众）获得好处，而不是去伤害（民众）；
圣人之道，为而不争。	圣人之道，（则是）去作为但却不去争抢（好处）【去作为，但不是为了自己】。

注释

［1］“辩”，本义为说明是非或争论真假。

［2］“博”，本义一般认为指大，引申指丰富、宽广、广泛、普遍、通晓、知道得多等。

［3］“积”，本义为谷物堆积，引申为累积、停滞、积极、乘积等。

［4］“既”，本义为吃完饭，引申为尽、完、已经。用作连词时，表示推论因果关系。在与“又”“且”“也”连用时，表示同时存在两种情况。这里表推论因果关系，解为“因为”。

［5］“利而不害”，利（民）而不害（民）。让民众获得好处，而不是去伤害民众。

附

一、字解。

“字解”，其中一个原则就是，要尽可能把“原文”每一个字的解释，都体现在“译文”中，这样才更有说服力，才不会变成意译，扭曲原文。

《道德经》中的“病病”，第一个“病”，是“以……为病”，解为“把困难当成困难”。如果解为“正视困难”，这就没有达到“字解”的原则要求，第一个“病”字就容易让人迷糊。

后来人如何研究美化，我不考虑。最初始的译文就要守住这个原则。这样，才不会因为意译，让后来者越走越歪，就像那些不知所谓的译文一样。

二、何为“道家”？

“道家”，应是为民众利益而穷究天地至理的一群人！科学家、艺术家、工程师、医师等等，都是“道家”。从事治世、治国之道的政治家，同样亦是“道家”。凡是研究、利用事物规律，为民众谋取利益的人，均是“道家”中人。蒙尘两千多年的《道德经》重新出世，将让大家更清晰地看到这一点。

所以，中国，本就应该是科技强国。老祖宗早就明明白白地告诉我们这一点。而我们却一直在“无为，不作为”的解释。民众不作为，确实有利于封建阶层的统治，但却极大地阻碍了科学技术、生产力的发展。两千多年的封建史，证明了这一点。虽然，《道德经》中涉及的“无为”不完全是同一个意思，但其主体意思却是“无事可为”。这是将事情做到极致，所产生的一种状态。这只有大智慧者能够做到。将老子的文章，补足主语、宾语，补完整句子，就可以清晰地看到这一点！

三、“天之道”的“天”解为“统治者”，这是从何处开始的？缘由又是什么？

读者缺乏作者解经过程的整个心理路程，可能会产生这个疑惑。

这个解读，起自第七十三章的“天之所恶”。这个“天”字，承接了第一、二句隐藏的主语、宾语，即“统治者”【君王】。

四、为什么老子讲，“人之道，损不足而奉有余”？

如果你有多个子孙，那你定然是去着重培养“优秀的、资质高的”“有余的”，而不是去看重“差的、不足的”。因为这样，才有利于家族传承！“优胜劣汰”的思维，在人们的日常生活中，处处体现。

五、“治大国，若烹小鲜”是如何解出来的？

《道德经》中的“治大国，若烹小鲜”，其解读的关键，却是在下一句，“以道莅天下”。“莅”，本义是走到近处细细查看，可以解为“巡查”。再结合“烹”技法的解释，其真意却是：“治大国，就像是烹饪小鲜鱼（要时时查看，不可懈怠）。（时时）用‘道’来巡查天下，（就会发现，有人【暗指朝堂中人】在作假）”。承上启下，前呼后应的文法，极其重要。老子写的是治国文章，而不是断开来的某一句话。

六、“出生入死”

《道德经》“出生入死”这一章是“前呼后应”文法的典型。第一句是“出生入死”，最后一句是“以其无死地”。补足宾语之后，“出生入死”就是“出死地则生，入死地则死”。这个真意，贯穿了整章。

七、《谷神不死》中的“谓”

以前，是我没转过弯来。第六章中的“谓”字，既可以表结果，也可以表原因。

八、老子的蜕变史

《道德经》是老子的一部蜕变史。从解出来的文意可以看出，老子从年轻时的讲“道”、理解“道”、注重“道”，逐步蜕变成“为国为民”，文风也一步步变得稳重。我无法考证老子是谁！整部《道德经》，前人的译文被我从头到尾，倾覆得干干净净！又如何能让我相信，前人所说的老子究竟是谁！从文意可以看出，老子伺候过几代君王，好的坏的，都遇到过！老子也担任过高官，会不会是一代君王，也很难讲！

九、“道法自然”，那么，“自然”是不是“道”上面的更高层级？

在《道德经》中，“道”的上面，是没有更高层级的。

证据是，（1）老子并没有给“自然”下定义；（2）“道”先天地生【第二十五章】；（3）“吾不知，谁之子”【第四章】，“道”是什么产生的，老子也不知道。所以，“自然”并不是“道”的更高层级。

从“字解”的角度去释义，“自然”即为“自我的样子”，可以引申为“真我、本真、不作假、不做作”。

“自”，自己、自我、自身。

“然”，“……的样子”。

所以，“道法自然”，实为“道法自我”。即，“道”按自身的规律运作。